SOUMISSION
CLANDESTINE

Célestine Mavoungou

SOUMISSION CLANDESTINE

LE PARCOURS D'UNE FEMME

Toronto
ÉDITIONS DU GREF
Collection Athéna n° 11
2010

Catalogage avant publication de Bibliothèque et Archives Canada

Mavoungou, Célestine
    Soumission clandestine / Célestine Mavoungou.

(Collection Athéna ; no 11)
ISBN 978-1-897018-42-2

    1. Mavoungou, Célestine. 2. Femmes victimes de violence –
Canada – Biographies. 3. Immigrantes – Canada – Biographies. 4. Noires
canadiennes – Canada – Biographies. I. Titre. II. Collection: Collection
Athéna ; no 11

HV6626.23.C3M38 2010   362.82'092   C2010-901886-9

Illustration de couverture : J. D. (Haïti), statuette en pierre, h. : 20 cm
    (collection particulière, Toronto). Photomontage de Christine Tatilon.

Préparation de la copie, composition typographique et mise en page :
    Martine Star, en collaboration avec Alain Baudot et Renée Sieburth.
Impression et reliure : Imprimerie Gauvin, Gatineau (Québec).

Nous remercions de leur appui le Conseil des arts de l'Ontario
    et le Conseil des Arts du Canada.

 ONTARIO ARTS COUNCIL
CONSEIL DES ARTS DE L'ONTARIO

 Canada Council   Conseil des Arts
for the Arts   du Canada

© Éditions du Gref, mai 2010
2275, avenue Bayview
Toronto (Ontario) Canada M4N 3M6

Courriel : gref@glendon.yorku.ca
Site Internet : http://gref.recf.ca

À mes enfants
Cédric Dimitri N'goma
Mirlande Joanitha Manfoumbi
Ulysse Marlow Pama
Micé Jennifer (Princesse)
Doriane Lursa Mouhetou (Grâce)
Glenn Michèle Matsanga
et Christine Cherryl Bignany N'goma.

Je dédie également ce livre à Antonio N'goma
et à toutes les personnes qui m'ont soutenue tout
au long de mon douloureux parcours,
ainsi qu'à toutes les femmes victimes de violences
conjugales qui vivent ce calvaire au quotidien.

I

DANS MA TENDRE ENFANCE, j'ai fait un rêve affreux dans lequel on me disait : « Sais-tu qu'une femme est comme le récipient de l'homme ? Dans lequel il peut tout faire. C'est-à-dire qu'il peut le protéger, il peut aussi le nourrir pour ses propres appétits, tout comme il peut s'en servir comme investissement immensément profitable. Sans cela, le monde ne fonctionnerait pas. Et sais-tu que tu en es un ? » Subitement, je me réveillai de mon sommeil profond et je me débattais en disant : « Je ne veux pas être le récipient de l'homme, dans lequel il va uriner, ni son instrument lucratif. Je suis un être vivant moi aussi, et personne ne doit décider à ma place ni me dire ce que je dois faire ou ne pas faire. »

Je racontai ce rêve à ma mère en lui expliquant ce que je venais d'entendre. Elle me répondit : « Ma fille, être femme n'est pas chose facile, car une femme est un être exposé à plusieurs dangers dans le monde, et ce danger peut venir d'ailleurs tout comme il peut être devant le seuil de ta porte. Le danger peut venir même de ta propre famille. Tu devras donc faire attention à toi dans la vie. C'est le monde qui fonctionne comme ça. Mais nous, parents, c'est notre devoir de protéger nos enfants, filles et garçons, nous devons les protéger et nous sommes là pour ça. » Ses paroles me rassurèrent tout de même un peu.

Avant mes dix ans, j'avais déjà compris ce que c'était le danger. Il a commencé devant le seuil de ma porte et a continué de ma vie d'enfance à l'âge adulte. Mais maintenant, j'apprends à comprendre ce qui me hantait. J'ai fait le même rêve encore à l'âge adulte. Et je me suis rendu compte que finalement ce n'était pas un rêve mais bien la réalité de ce que j'ai vécu. Je pensais qu'une femme méritait plein d'attention, autant de respect que de protection. Finalement, ce n'a été qu'une illusion que je m'étais faite dans un monde imaginaire presque irréel. Dans mon monde à moi.

Je n'ai jamais pu mettre des mots sur cette souffrance qui me ronge de jour comme de nuit. Au lever comme au coucher, ce passé douloureux de mon enfance cauchemardesque me poursuit. Arrivée à l'âge adulte, j'ai cru ne plus vivre cela. Mais au fond, ça n'a fait que continuer.

En écrivant mon histoire, qui est en même temps une révolte en moi, un cri d'alarme et une thérapie, je me dis que je dois continuer de vivre malgré tout. Pour mes enfants surtout qui sont tout pour moi, ma source de vie.

En effet, il suffit de fermer les yeux pour comprendre qu'il y a des gens à qui malheureusement la vie n'a rien épargné. Et je me dis que je fais partie de ces gens-là. Je me demande aujourd'hui si je peux encore croire à la vie, croire en Dieu... Car je dois avouer que je suis découragée de savoir que la Nature n'a pas pu faire quelque chose pour changer mon parcours. J'ai vraiment le goût de me sortir de cet enfer une fois pour toutes. Je veux retrouver la joie de vivre et tourner cette page noircie par la rancœur, par les larmes et le dégoût de la vie. L'amertume est toujours là, aussi présente que jamais, comme si deux jours à peine s'étaient écoulés...

J'avais vingt-quatre ans en 1987 lorsque j'ai rencontré mon compagnon Mike. Nous étions tous deux jeunes encore à cette époque. Nos désirs et nos objectifs se concentraient principalement sur l'essentiel de la vie, mais incluaient des projets communs pour bâtir un avenir meilleur. Nous avions plein de rêves à réaliser et d'ambitions comme c'était le cas pour nos amis de l'époque. Nous rêvions d'avoir une belle vie. Une vie où il ferait bon vivre. Notamment avoir des enfants, une famille unie, simple, avec de vraies valeurs morales.

De quatre ans mon aîné, Mike paraissait pourtant plus jeune que moi. Son corps mince et élancé lui donnait une élégance absolue. Sa timidité et son sourire discret faisaient de lui un homme charmeur. Il parlait peu, l'un des critères qui me ferait craquer pour lui. Je suis tombée sous son charme deux années après l'avoir rencontré. J'ai appris à l'aimer peu à peu, même si au départ je ne ressentais pas vraiment la chamade. Jusqu'à ce qu'il ait occupé mon cœur complètement.

Nous nous sommes fréquentés régulièrement pendant quatre bonnes années avant que nous décidions de vivre ensemble, juste après la naissance de notre première fille, Jennifer, en août 1990. L'arrivée de ce bébé nous a permis d'être encore plus soudés, plus amoureux et, surtout, de prendre notre relation véritablement au sérieux. Nous nagions dans le bonheur et la joie, Mike et moi. Nous décidions alors de poursuivre notre chemin ensemble, avec mes trois autres enfants, de ma première union...

Mike voulait devenir ingénieur en informatique. Je l'encourageais dans cette voie qui était notre seule issue. Je voyais la réussite de notre vie à l'horizon. Cette réussite était essentielle à notre existence. Le moyen le plus sûr d'y parvenir était les études. Aller décrocher un gros diplôme en Europe, ou en Amérique, était un rêve extraordinaire, fabuleux. Quasi tous les Africains en rêvaient, et en rêvent encore. Certains d'entre eux étaient prêts à débourser des sommes exorbitantes, pourvu que ça marche... Aller faire des études en Occident reste le rêve de tous les jeunes Africains. Aujourd'hui, tous ces jeunes qui vivent dans le désespoir sont prêts à tout pour rejoindre l'Occident. Pourvu que le rêve devienne réalité...

Je savais que dès le retour de Mike de l'Europe, notre existence prendrait un autre envol. Nous voulions améliorer notre mode de vie pour nous, dans un premier temps, et pour nos familles respectives par la suite... Nous, Africains, vivons toujours en famille et partageons tout ensemble malgré les difficultés que nous traversons au quotidien. Les Africains aiment aider leurs familles.

J'allais pouvoir enfin dire que c'était la fin de la misère et le début d'une nouvelle vie meilleure. Désormais, la misère, les fins de mois difficiles appartenaient au passé. Ce serait le bonheur, la joie de vivre. Je ne pouvais rêver mieux. Avoir un époux qui a un gros diplôme est le rêve de toute femme, un honneur et une fierté pour la famille également.

C'est ainsi que Mike partit pour l'Europe le 21 décembre 1991. C'était la première fois qu'il prenait l'avion, la première fois qu'il voyageait au pays des Blancs. La séparation était difficile pour nous. J'avais des larmes de joie mais aussi des larmes de peur, j'étais inquiète pour lui. J'oubliais mes propres souffrances, mes propres soucis à ce moment-là. Je savais d'avance que ce ne serait pas évident pour lui ni pour moi... Je restais, enceinte de quatre mois et demi. L'enfant que j'attendais était le sien.

L'amour que nous avions l'un envers l'autre, malgré la distance qui allait nous séparer, faisait notre bonheur, notre force de vivre et, surtout, nous donnait le courage de surmonter les obstacles de la vie que nous rencontrions de part et d'autre.

— Je t'aime, Célestine ! disait Mike. J'en suis sûr et certain que nous allons réussir notre vie. Je sais combien il est difficile pour une femme de soutenir un mari qui ne travaille pas. J'en suis conscient, mais sache que je ne te décevrai jamais. Jamais je ne te voudrai du mal. Surtout, laisse tous ces gens se moquer de nous, mais un jour viendra où ces mêmes personnes viendront pleurnicher devant notre porte. Ils seront jaloux de notre réussite. Ne t'en fais pas !

J'étais convaincue de ce qu'il me disait. Il était convaincant, sincère, déterminé aussi à améliorer notre mode de vie. Devant de telles belles paroles réconfortantes, je ne pouvais que me réjouir. Y croire encore et encore. Je savais que cette misère que nous subissions alors était passagère et que tôt ou tard nous serions heureux. Je m'adaptais à cette vie jour après jour, mois après mois, pendant des années. Ce fut un véritable défi à relever, malgré tout.

Je ne pouvais que demander au Seigneur de toujours nous protéger et de protéger mon travail à la pharmacie, qui nous permettait de gagner une croûte de pain. J'y travaillais là comme technicienne. Une formation que j'avais apprise sur le tas.

« Tant pis pour le reste, du moment qu'on peut manger tous les jours avec nos enfants, disait ma mère. Il faut savoir être patient dans la vie, surtout en amour. Quand on aime, la patience et la tolérance sont de mise. C'est important de faire des sacrifices dans un couple, afin de ne pas perdre le courage d'avancer et surtout lorsqu'on veut garder la personne qu'on aime à ses côtés. Sinon, on peut changer d'homme toutes les 48 heures. » Je lui donnais raison, parce que tout simplement je savais qu'elle était ma mère mais surtout parce que ses conseils allaient dans le sens de mes attentes.

★
★ ★

Deux années après que Mike fut parti pour l'Europe, plus précisément pour la Belgique, il me demanda d'aller passer les vacances de Noël à ses côtés. Nous avions déjà deux filles à cette époque.

Mike me parle assez souvent de ce pays. Je l'imagine à ma façon, dans mes rêves, dans mes délires comme si j'y étais déjà allée. Je ne connais pourtant rien de ce pays, encore moins de l'Europe toute entière. D'ailleurs, je n'ai jamais mis pied en Occident avant décembre 1993.

Nous sommes le 28 novembre 1993 lorsque nous franchissons le seuil du portail de l'ambassade de France, mon amie Marielle et moi. À l'accueil, un homme de race blanche. Grand, mince, élégant, aux cheveux courts châtain clair et d'une beauté exceptionnelle. Il porte un jeans délavé et une chemise rose-blanche rayée à l'allure très *classe*. À ses côtés une femme blonde, taille moyenne, trop sérieuse, trop carrée même, je dirais. Nous nous dirigeons en direction du beau monsieur dont le visage dégage la sympathie et qui, avec son sourire séduisant, nous attire irrésistiblement.

— Bonjour, Monsieur !
— Bonjour, Mesdames ! Que puis-je faire pour vous ?
— Je viens demander un visa pour aller en France.

Alors que je lui tends mon dossier, sa collègue d'à côté s'approche ; tous deux examinent le dossier. Histoire de vérifier tous les documents que je leur ai fournis, de voir si tout est en bonne et due forme. Puis ils nous prient de revenir deux jours plus tard, pour savoir si ce fameux visa me sera accordé.

Il ne faut pas que je sois pessimiste. La première fois, c'était l'ambassade de Belgique. Ce n'est pas parce que là-bas ils ont refusé de m'octroyer le visa que partout où je vais faire la demande ce sera aussi négatif. Je dois quand même tenter ma chance à l'ambassade de France. Je ne dois surtout pas commencer à paniquer. Néanmoins, je ne serais pas étonnée de recevoir une réponse négative comme celle que m'a donnée l'ambassade de Belgique car, après tout, il s'agit de l'Europe. Ils se ressemblent tous. Mais peut-être que cette fois-ci les choses seront moins compliquées. Je garde espoir. Je dois prendre mon courage à deux mains et tenter ma chance une dernière fois. Si seulement ça pouvait marcher, ce serait une joie immense pour Mike et moi. Sinon, je laisse tomber toutes ces démarches et pense à autre chose. En espérant que ça aboutisse à une décision favorable, je remets ce voyage entre les mains de Dieu.

Marielle et moi étions très amies, très complices à cette époque, comme deux sœurs qui s'entendent parfaitement bien. Il suffisait d'un simple regard pour que l'une comprenne ce que l'autre voulait dire. Sur le chemin du retour, mon ventre commence à faire les gazouillis, je me rends compte que je n'ai pas encore pris mon petit déjeuner, nous décidons de nous arrêter devant un restaurant pour grignoter des sandwiches au jambon, avant de continuer notre chemin.

— Je ne sais pas pourquoi, dis-je à Marielle, mais j'ai un sentiment positif concernant le visa français. Je pense que je vais l'avoir, ce fameux visa français.

Enfin, mon fiancé Mike et moi allions nous retrouver après deux années. Je pense que nos filles aussi sont heureuses, même si elles ne savent pas où nous allons. On va vivre intensément, comme une vraie famille. Même si c'est pour un mois seulement.

Nous allons passer de très bonnes fêtes de fin d'année. Ce serait agréable que l'on passe un séjour ensemble et que ces enfants voient leur père, surtout qu'elles aient une idée de leur père, car elles ne le connaissent réellement pas.

— Je ne te souhaite que du bonheur avec le père de tes enfants, dit Marielle.

Nous y allons pour les vacances de Noël, ensuite, nous rentrerons peut-être ensemble dans notre pays, chez nous au Gabon. Mike en a marre de vivre au pays des Blancs, me répète-t-il au téléphone inlassablement. Il a décidé de rentrer.

— Tu devras bien couvrir les enfants, ma chérie, souligne Mike. Ici, il fait vraiment froid, c'est l'Europe, je te le rappelle une fois encore.

— Serait-il possible que tu nous envoies des manteaux avant que nous prenions l'avion pour la Belgique, mon chéri ?

— Non, je ne pense pas que j'aurai de l'argent pour acheter les manteaux de trois personnes. J'ai dépensé tout l'argent que j'avais pour l'achat de vos billets d'avion, maintenant, je n'ai plus rien... On verra ça dès votre arrivée. Fais comme tu peux là-bas. L'essentiel c'est d'arriver en Belgique.

Tôt le matin, c'est le grand jour pour moi, le jour où je dois aller récupérer mon passeport gabonais à l'ambassade de France. Nous repartons comme convenues, Marielle et moi. Bonne surprise ! J'ai mon visa pour aller en Europe. En sortant de l'ambassade de France, je suis émerveillée, excitée, à la fois étonnée, et j'ai peur aussi. Étonnée parce que j'ai réussi là où beaucoup de gens ne réussissent pas. Peur de ne pas être à la hauteur de ce qui va suivre avant et après ce voyage. Peur de ne pas me retrouver, là où je vais. Parce que je quitte ma petite ville pour aller dans une très grande et belle ville où la culture et les habitudes ne sont pas pareilles.

Il est seulement dix heures du matin. Je croyais que le soleil ne s'était levé ce matin là, dans la capitale librevilloise, que pour moi. L'apparition de ce beau temps m'a rendue plus optimiste, plus rassurée, heureuse et insouciante.

— Certainement, la vie est belle ! N'est-ce pas Marielle ?

— Oui ! Il me semble que tout va bien pour toi.

Pas seulement aujourd'hui, mais je voudrais qu'aussi longtemps que je puisse exister, si possible, ma vie de femme soit comme un long fleuve tranquille. Étant donné que, par le passé, j'ai traversé beaucoup d'épreuves qui ont bouleversé ma vie. Si aujourd'hui la chance m'a souri, pourquoi pas demain, pourquoi pas après demain, le lendemain et, peut-être le surlendemain, tout le temps !

Et mon pessimisme n'a aucune raison d'être. Je viens de retirer mon passeport gabonais et le visa de la France s'y trouve. J'ai eu ce fameux visa et j'ai encore du mal à le réaliser. C'est comme si c'était dans un rêve, pourtant c'est la stricte réalité. Moi qui ne pensais pas obtenir aussi vite ce visa qui est si difficile à obtenir. Enfin, je peux parler de voyage maintenant. Pour la première fois de ma vie je vais aller en Europe, je vais voir Paris, ensuite la Belgique avant de revenir chez moi au Gabon. J'entends souvent parler de Paris. C'est grand, c'est beau, tout le monde dit que ça n'a rien à voir avec nos capitales d'Afrique.

Ceci explique le manque de sommeil que Mike avait avant son départ : moi aussi, je vis le stress du voyage, avant même de franchir la porte de l'avion.

Ce qui importe, c'est que je vais retrouver Mike pour un mois, et peut-être que nous allons revenir ensemble dans notre cher beau pays... comme il me l'a indiqué.

Le matin du 8 décembre 1993, mes deux bébés dans les bras, nous nous envolons pour l'Europe, plus précisément pour la Belgique, bien que nous ayons un visa français. Ce qui compte, c'est d'arriver là-bas, en Europe. Mes filles, elles, ne savent pas où nous allons. La plus grande a trois ans et la cadette a douze mois à peine. C'est sûr et certain qu'elles ne sont pas en âge de comprendre quoi que ce soit. Quant à moi, je n'ai jamais pris l'avion pour aller de l'autre coté de la Méditerranée. C'est la première fois que je vais en France et je n'ai jamais été Belgique non plus. Comme c'est excitant et stressant à la fois ! Mes filles savent à peine parler mais leur regard en dit long. Je sais qu'elles sont tout aussi stressées que moi, bien qu'elles ne disent rien.

Mike de son côté avait un ami qu'il avait toujours considéré comme un frère, et le jour de son voyage en Belgique, il lui remit tout le pouvoir qu'il avait sur sa famille en lui disant : « Tu es mon frère. Tu es le seul qui puisse hausser le ton sur ma femme, si tu constates qu'elle te manque du respect. Il n'y a personne d'autre à qui j'ai laissé cette responsabilité. Et puis, ne t'en fais pas, je ne pense pas que ma femme va te manquer de respect parce que je ne suis pas là. Tu es mon frère, Bonny ! », répète Mike à son ami, d'une voix rassurante. « Je vais en Europe et je te laisse une grande responsabilité. Dès à présent, ma famille est sous ta responsabilité. C'est toi qui devras prendre les décisions dans cette maison, et que personne ne vienne changer ce que j'ai dit. Je compte sur toi, mon frère, car je sais que tu ne me décevras pas, parce que j'ai entièrement confiance en toi. Tu es plus qu'un ami pour moi... »

Son ami Bonny, devenu du jour au lendemain le maître de la maison, pris son rôle au sérieux et mena son devoir avec dévouement et détermination.

Je ne pouvais plus rien décider sans son accord. Peu à peu, il gagna tout le pouvoir sur moi. Après tout, son ami lui avait laissé toutes les responsabilités. J'étais chez moi, dans notre maison, sans y être, pour ainsi dire. Il ne se passait pas un seul jour sans qu'il y ait des reproches de la part de Bonny. C'était de même pour mon compagnon ou ma belle famille, Bonny avait une place importante dans la maison, il était leur deuxième fils et tous devaient suivre son exemple. Pour ma belle famille, il représentait le symbole de la future génération, leur Dieu en quelque sorte. Tous le respectaient, lui obéissaient au doigt et à l'œil. Je ne pouvais que me soumettre moi aussi aux ordres de cet homme puissant que craignait toute cette famille.

Je ne pouvais donc partager mes angoisses, mes craintes, avec personne de peur que les autres me jugent ou me trahissent face à un homme sans reproche, aux yeux de leur fils, et que cet homme, Bonny, refuse de me donner mon salaire à la fin du mois.

Mike lui avait laissé de l'argent. Lui seul pouvait gérer mon budget, et chaque fin de mois, Bonny devait me remettre une somme de cent mille francs CFA. Mike avait une confiance absolue en lui.

Quelque part, j'avais compris que quelque chose ne tournait pas rond, À partir du jour où mon compagnon m'avait annoncé son projet de partir en Europe pour poursuivre ses études, il devint un homme autre que celui que j'avais rencontré naguère.

J'étais enceinte de cinq mois, de notre deuxième enfant, quand mon compagnon partit en voyage. Par conséquent, je vécus deux années sous l'emprise de Bonny. Du harcèlement moral au harcèlement sexuel. Le chantage, les reproches de tout genre, devenaient de plus en plus embarrassants, oppressants, intolérables. J'étouffais, je suffoquais rien qu'en apercevant sa silhouette. Sans que personne ne s'en rende compte. Je ne pouvais lui fermer la porte au nez car il détenait la clé de ma vie. Sans argent, que serais-je devenue avec mes enfants ? J'avais besoin de cet argent. Je ne pouvais qu'endurer cette souffrance psychologique. Je devais fonctionner au rythme de ce tyran, accepter ses caprices, tolérer l'inacceptable. De cette façon, il régna donc en maître pendant près de deux ans.

Le courrier que Mike m'envoyait par son intermédiaire pouvait rester des semaines, voire des mois, avant que Bonny ne me le remette. Forcément, les choses devenaient de plus en plus compliquées. Il s'imposait comme s'il était chez lui, comme si j'étais son épouse. Il me détruisait peu à peu, détruisait mon esprit, mon âme : jour après jour, ma vie devenait infernale.

— Si tu ne veux pas suivre mes conseils, me répétait-il inlassablement, tu n'auras plus d'argent. Sois obéissante et tu verras que tout ira pour le mieux. Tu dois savoir que Mike me fait confiance, il suffit d'un coup de fil de ma part, et il t'oubliera.

J'entendais souvent cet hymne de sa bouche. Je me demandais chaque fois quel genre de conseils il voulait que je suive. Qu'avais-je fait de mal pour qu'il soit toujours en colère après moi, toujours en train de me donner des ordres sur ceci ou sur cela ?

Difficile de se débarrasser des mauvais souvenirs, même après tant d'années.

Pendant ce temps là, Mike n'avait toujours pas trouvé de travail. Il faisait des petits boulots par-ci et par-là. Plusieurs fois, il avait été passer des concours dans différentes sociétés de la capitale librevilloise, en vain. Il n'a jamais été rappelé. À la maison, il me faisait croire qu'il était admis et qu'il allait bientôt travailler dans telle ou telle société. Je compris qu'il avait peur de me perdre à cause de la misère. J'avais toujours l'espoir que ça irait tôt ou tard.

— Tout s'est bien passé chérie ! disait-il. Je vais pouvoir travailler dans les plus brefs délais et je peux te dire que j'aurai un choix à faire entre toutes ces sociétés. Mais je pense que ce ne sera pas facile car toutes ces sociétés pétrolières payent bien. Ils ont besoin de têtes comme nous autres. Ton mari est intelligent et il a les clés en mains pour changer notre vie.

Je buvais toutes ses paroles comme de l'eau de source pure, je ne pouvais douter de sa sincérité. J'avais une confiance absolue en lui.

Un de ses amis me disait le contraire. Mais cela ne s'est jamais concrétisé, jusqu'à son voyage. Je compris que son ami Jules avait raison. Je savais que tout cela n'était que bouffonnerie. Mais je ne pouvais pas dire le contraire, voulant éviter qu'il soit ridiculisé. C'était mon devoir de le protéger devant n'importe qui. Nous devions nous battre face à tout pour essayer de vivre mieux. À la fin, il se lassa de ses mensonges.

Il est rare de voir en Afrique que la femme travaille et que l'homme reste à la maison. Le plus souvent, c'est l'homme qui travaille pour nourrir sa famille et la femme s'occupe de la maison. Ceci dit, dans notre entourage, certains me conseillaient de quitter mon compagnon parce qu'il ne travaillait pas, parce qu'il passait des journées entières à dormir. D'autres, par contre, me demandaient d'être patiente. « Ce n'est qu'une période passagère, jusqu'à ce qu'il trouve du travail et plus tard, tu connaîtras le bonheur. »

Mike savait que j'étais avec lui par amour. J'ai toujours mis l'amour au premier plan, et il passe avant tout. Tôt ou tard, me disais-je, notre mode de vie prendra un autre envol. Tout n'est pas aussi sombre que nous l'imaginons. Je vais continuer d'y croire.

Néanmoins, Mike n'ayant pas toujours trouvé un job, je décidais un jour d'aller rencontrer mon cousin Jacques qui travaillait aux travaux publics. Il occupait un poste assez bien rémunéré, il était chef comptable et s'occupait également du recrutement. Je lui soumis notre cas et lui demandai d'examiner le dossier de mon compagnon, et si possible de l'embaucher parce que la vie devenait trop dure pour nous. Le lendemain, il appelait Mike pour un test auquel malheureusement il échoua, mais Jacques l'embaucha malgré tout. Il le fit pour moi. Parce que j'étais sa cousine.

La solidarité fait parfois défaut en Afrique. On ferme les yeux dès qu'il s'agit d'une connaissance, d'un proche, et on donne le poste à quelqu'un qui ne le mérite même pas. On fait plaisir à son frère, son cousin, son neveu, ou bien son ami. On peut être tout à fait compétent mais ne pas avoir la chance d'obtenir le poste convoité. C'est la réalité de l'Afrique.

Sur le coup, cela m'a énormément fait plaisir, parce qu'il s'agissait de mon compagnon et de mon avenir bien entendu. J'ai vu ma famille et moi en premier. Plus tard, des années après, ça restait sur ma conscience malgré tout.

Ce travail, qu'il avait finalement décroché grâce à Jacques, fut une fierté pour moi. La fierté de l'avoir lancé dans le monde du travail, le monde actif. Je lui ai redonné cette dignité et, du coup, il était respecté dans son entourage, l'espoir de toute une famille, le sauveur, le libérateur.

Au bout de trois mois, Mike nageait dans le bonheur : l'opulence, le confort matériel et financier. Aux yeux des femmes, il devint l'homme idéal, le meilleur. Ses amis de longue date, que nous avions perdus de vue, réapparurent. Il avait maintenant un autre mode de vie, beaucoup plus aisé qu'auparavant. Il se vantait d'être le plus riche de ses collègues. En fait, son salaire réel n'atteignait pas plus que la moitié de ce que mon cousin Jacques gagnait par mois. Mais contrairement à lui, Mike était devenu un vrai businessman, et savait profiter de son poste. Nouvellement arrivé aux travaux publics, il avait pu avoir le contrôle de tous les camions qui transportaient le matériel de construction, notamment le gravier, le sable, le ciment et le goudron, sur les routes bitumées de la capitale librevilloise ainsi que sur la route de Lambaréné vers Fougamou. À mon avis, il était l'homme le plus chanceux et le plus malhonnête parmi tous. En fait, son départ pour l'Europe lui a sauvé la vie, lui a permis d'échapper à la prison. Car quelque temps après qu'il fut parti, certains de ses complices furent arrêtés puis incarcérés à la prison Gros Bouquet de Libreville. Et d'autres se sont retrouvés sans travail. Sans congé, ni préavis...

Pour se différencier de ses collègues, Mike pouvait se changer au moins plusieurs fois par jour. Chemises, pantalons et chaussures de marque. Ce qu'il n'avait pas auparavant, lorsque nous étions dans la galère. L'argent le rendait fou, toutes les femmes étaient à ses pieds. Ce fut la période de « libertinage ». Ce que je découvris après qu'il fut parti pour l'Europe me laissa sans parole... J'étais effarée, j'avais honte, honte de savoir que les autres me prenaient pour une femme ridicule. La moquerie des gens. Tous ces regards remplis d'hypocrisie me rendaient malade.

Tous les jours, Mike avait de l'argent, la misère appartenait au passé. Ce passé misérable ignoré en un tour de main. Oui, ses poches étaient toujours pleines de billets d'argent de francs CFA. À cette époque, nous avions deux petites tables de chevet. Je n'avais pas le droit de toucher à celle qui se trouvait de son côté. Lorsqu'il voulait prendre quelque chose dans ce meuble, il m'ordonnait de sortir de la pièce tant qu'il n'avait pas fini de faire ce qui lui plaisait. Avec ses amis et ses frères, il s'enfermait dans notre chambre pour traiter des problèmes d'argent. Moi, j'étais priée de sortir de la pièce jusqu'à ce qu'ils aient fini de régler leurs histoires louches. Je devais attendre à l'extérieur de la pièce, même si j'avais besoin de quelque chose à l'intérieur.

Je n'existais plus à ses yeux. Seuls ses amis et sa famille comptaient pour lui. « Je ne fais pas confiance aux femmes », répétait-il inlassablement.

— Occupe-toi de ta famille, et moi, j'ai le droit de ne m'occuper que de la mienne, car je ne suis pas là pour aider n'importe qui.

Il disait cela avec condescendance et sans gêne.

— Mais où étaient-ils bon sang tes frères, tes amis ? lui rétorquais-je bruyamment. Hein ! Qu'ont-ils fait pour toi ? Et lorsque nous mourrions de faim, où est-ce qu'ils étaient ces gens-là ? T'as déjà oublié ça aussi ? Lorsque tu te promenais avec ta seule chemise noire décolorée, ton seul pantalon et... ta paire de chaussures usée que nous n'arrêtions pas d'emporter chez le cordonnier d'à côté ? Que t'ont-ils apporté dans ta vie de misère auparavant ? Avant d'ignorer tout ce que j'ai fait pour toi !...

Pourtant, tant de signes avant-coureurs et d'alertes montraient que j'étais sur une pente glissante, une pente qui pouvait basculer d'un moment à l'autre en entraînant avec elle des conséquences irrémédiables. Tout était clair au départ : me lier à une personne comme Mike ne m'avancerait en rien et je devais arrêter cette relation parce que je sentais venir le danger.

Après ma séparation d'avec Serge (surnommé Blocus depuis l'école), mon premier mari, je m'étais dit que j'allais pouvoir retrouver ma jeunesse. Car très jeune, à l'âge de dix-huit ans, je m'étais retrouvée épouse et mère. C'était une grande responsabilité sur mes petites épaules, une tâche difficile à gérer. Cette séparation a été pour moi comme une libération, une renaissance même. Je voulais en effet rattraper le temps perdu de ma jeunesse, profiter de cette joie de vivre que ma mère m'avait laissé entrevoir.

Mais à nouveau, mon corps de femme m'a été volé comme par le passé. Ce corps, que je trouvais pourtant magnifique, radieux et dont j'étais si fière, n'était plus que l'ombre de lui-même. Je vivais en permanence avec le stress et l'angoisse de perdre à jamais ce que j'aimais le plus au monde. Je ne serais moi-même que le jour où j'oublierais tous ces visages qui envahissent mes yeux chaque jour. Ce serait aussi une guérison, une renaissance, si j'arrivais à trouver une réponse à tout cela.

J'avais déjà trois enfants de mon premier mariage, dont le père était alcoolique et me battait à la moindre dispute et à la moindre contrariété. Et maintenant, j'avais peur de subir encore ce que j'avais déjà vécu auparavant avec le papa de mes enfants.

J'ai beaucoup et longtemps hésité avant de décider de me remarier. J'avais un grand doute. Peut-être parce que j'avais peur de me remettre encore en couple. Cette séparation m'avait beaucoup traumatisée. J'aimais encore mon ex-mari, Serge, peut-être un peu trop, malgré ce qui s'était passé entre nous. Je n'avais plus confiance en qui que ce soit, ni en moi-même d'ailleurs, parce que je ne savais plus où j'en étais.

Finalement, j'ai quand-même accepté de me marier avec Mike. Je disais oui, avec réticence, devant les chefs coutumiers de notre commune, j'acceptais de refaire ma vie avec quelqu'un, pour des raisons qui me semblaient miennes. Mike est par la suite devenu le père de trois de mes enfants. Ensemble nous avons eu trois filles.

Tôt déjà, je ressentais quelque part que j'avais commis de nouveau une erreur. Malheureusement, je m'étais déjà engagée, j'avais convaincu ma famille de recevoir la dot de Mike, comme il est de coutume dans mon pays, et aussi de recevoir mon nouveau mari dans leur cœur. Prise au piège, impossible de faire marche arrière. L'erreur fut consumée. Tout ce qui me restait à faire, dans cette nouvelle aventure, était la prière. Je priais tous les jours. Matin et soir, je me consacrais à la prière, pour que Dieu soit toujours présent dans notre foyer.

Comme tous les couples, nous avons connu des hauts et des bas, ainsi que des remises en question. Il y a eu aussi autant de moments de joies que de peines. Financièrement, nous avons aussi traversé des périodes de crise et d'aisance. Il arrivait parfois que nous passions une longue période de famine, mais avec le soutien de nos amis communs, nous remontions la pente avec dévotion et détermination. Aussi bien au niveau financier que moral, nous nous en sortions incroyablement bien, par la grâce de Dieu.

Mike décida donc de partir pour l'Europe, à la recherche d'un diplôme que nous avions tant souhaité.

Ceux qui ont la belle vie en Afrique sont respectés. Dans leur entourage comme dans les services publics, devant ces guichets où l'on se bouscule pour toujours chercher à avoir la première place, être servi avant l'autre. C'est monnaie courante en

Afrique, le riche est vite accueilli avec tous les respects, vite servi par rapport aux personnes de basse classe.

Nous serions désormais considérés avec honneur et respect comme eux.

À l'époque, il nous était presque impossible de réaliser notre rêve tout en restant en Afrique.

Je me rappellerai toujours le moment où Mike se préparait pour aller en Belgique, il était tout excité. Une semaine avant son voyage, sa conversation ne tournait qu'autour de ce long voyage.

Malgré cela, j'avançais tête baissée, pendant des mois, des années, telle une mouche prise au piège d'une toile d'araignée, bien enveloppée de la tête aux pieds. Je fus incapable de freiner le danger, jusqu'au jour où l'imbuvable arriva dans mon verre pour que je me rendre compte qu'il m'était difficile de digérer le contenu. Année après année, je me suis mise dans un processus de dégradation irréversible. Incapable de réagir à temps...

Mike n'avait pas réussi aux tests d'admission. La société des travaux publics reprochait à mon cousin d'avoir embauché quelqu'un d'incompétent et qui n'avait aucune qualification, ni aucune expérience professionnelle. Ce qui valut à mon cousin son emploi... Tout à coup, j'ai porté le poids de la culpabilité. J'ai une dette morale envers lui. Il a rendu service à Mike pour sauver mon couple de la misère, pour me faire plaisir, à moi. En acceptant de nous apporter son aide, il a subi les conséquences et les résultats de ses efforts furent bien mal payés. Merci, Jacques.

II

ORSQUE JE DEVAIS PRENDRE L'AVION le matin du 8 décembre 1993, Libreville se remettait à peine de l'élection présidentielle. Le président de la République, El Hadji Omar Bongo Ondimba, avait été réélu. Ce qui souleva la colère des opposants et de leurs partisans dans tout le pays et surtout dans la capitale. Des émeutes éclatèrent. Par-ci par-là, les voitures brûlaient. Les rues restaient presque désertes. On ne voyait plus circuler les taxis. Je ne savais pas quel moyen de transport prendre pour me rendre à l'aéroport. En regardant ma montre, je constatai qu'il était sept heures trente-cinq ; je commençais à redouter le pire. Deux de mes amies et un beau-frère voulaient absolument m'accompagner à l'aéroport pour me souhaiter un bon voyage. Nous ne savions pas comment faire pour nous y rendre. Dans une heure, l'avion allait décoller.

En vue de la situation, un voisin qui avait une petite Renault, bien rangée derrière la cour, décida de prendre le risque de nous conduire à l'aéroport Léon-Mba de Libreville. Nous sommes arrivés trente minutes avant l'heure du départ. L'enregistrement des bagages était presque terminé, les passagers commençaient déjà à embarquer. Dieu merci, je fus acceptée car personne n'ignorait la situation que traversait le pays, un peu partout dans les grandes villes gabonaises.

Néanmoins, j'étais loin d'imaginer que ce voyage allait me porter préjudice, loin de savoir que je vivrais le pire cauchemar de toute ma vie. Le départ était prévu pour le 8 décembre, à destination de Paris, en passant par Douala puis par Moscou. C'était la première fois que je prenais un avion de longue ligne.

La ligne aérienne qui nous transporte est Camer Airlines. Nous allons tout d'abord au Cameroun, plus précisément à

Douala. Parce que c'était l'itinéraire des billets d'avion que Mike m'avait envoyés. Donc, je n'avais pas un autre choix que de poursuivre le voyage comme il était indiqué. J'ai en main les billets d'Aeroflot, une compagnie russe, dont les tarifs sont bon marché. Le voyage risque d'être pénible, parce qu'on n'arrive pas le même jour à destination, puisqu'on a une longue distance à parcourir. Depuis Libreville, j'ai déjà réservé une chambre dans un des plus beaux hôtels de Douala.

Accompagnée de mes deux petites filles à peine âgées de un an et de trois ans, je m'assois à ma place, mes deux bébés dans les bras. Nous survolons la capitale librevilloise. Quarante-cinq minutes de vol plus tard, nous arrivons à Douala. Il est dix heures du matin. Une belle ville, grande aussi. Je ne connais personne. Mais une chose est sûre, je dois dormir là, pour pouvoir prendre un autre vol, le lendemain à dix-huit heures trente-cinq, afin de continuer mon long voyage dont, semblait-il, nous n'avions pas parcouru la moitié...

À l'aéroport de Douala, on y trouve des jeunes, des adultes qui travaillent clandestinement pour aider les touristes dans leurs courses, mais aussi des gens qui sont prêts à prendre les bagages et disparaître avec tous vos colis sans qu'on les retrouve. Toutes ces têtes que je vois autour de moi me font peur et je n'ose pas leur demander de m'aider à soulever mes bagages. J'hésite. Ils sont nombreux et tous veulent de l'argent, ils sont là pour vous proposer leurs services. Finalement, j'en choisis un, parmi tous. Rapidement j'appelle un taxi qui nous dépose à l'hôtel Florin. J'ai peur en même temps. La peur d'être agressée avec mes enfants dans cette chambre, mais je n'ai pas le choix, heureusement que nous sommes là pour un jour seulement. Toute la nuit, je ne veux pas fermer l'œil, je me demande si quelqu'un va s'introduire ici par la fenêtre, sans que je l'entende, je dois absolument rester éveillée. Je demande à mon Dieu de nous protéger.

Le lendemain, nous sommes le 9 décembre, et je n'ai pas une minute de plus à perdre ici. J'appelle encore un taxi qui nous ramène à l'aéroport, bien que le vol soit prévu à dix-huit heures trente cinq et que je doive être là deux heures à l'avance pour l'enregistrement des bagages. Je trouve que je serai plus en sécurité là avec mes enfants que de rester dans cet hôtel. Merci, Seigneur, de nous avoir protégées, toutes mes prières ont été exaucées. Mes deux bébés sont fatigués. Dans le taxi qui nous emmène à l'aéroport, elles dorment. Je suis sur la banquette arrière avec elles. Sur le chemin, le taxi en profite pour me faire parler :

— Où est-ce que vous allez, chère Madame ? En Europe ? me demande t-il, curieux.

Une minute de réflexion, puis je lui réponds que non, je ne vais pas en Europe. Je vais à Libreville.

— Êtes-vous mariée ? Combien d'enfants avez-vous ? Vous me plaisez, je dois vous le faire savoir.

Bon sang, me dis-je, *qu'est-ce qu'il a de me poser des questions comme ça ?*

— Déposez-moi vite à l'aéroport.

— Prenez mon numéro de téléphone, vous pouvez me joindre à tout moment, Madame.

Mon Dieu, faites en sorte que notre voyage se passe sans entraves.

Nous sommes arrivées à l'aéroport à seulement dix heures du matin. Le temps de décharger mes bagages, je dois trouver de quoi manger, mes enfants n'ont pas encore pris leur petit déjeuner. Je sais pertinemment que je ne peux pas abandonner mes sacs pour aller manger dans un restaurant. Pendant que je parle à mes filles, je voix une jeune femme passer avec un plateau garni de sandwiches. « Prenons-en deux, mes enfants, nous n'allons pas nous compliquer la vie, ce qui compte pour nous en ce moment, c'est d'arriver dans de bonnes conditions. »

Nous décollons à l'heure prévue de Douala pour Malte. Arrivées à Malte, une courte escale technique de vingt-cinq minutes, pendant laquelle j'ai été priée de rester à bord avec mes deux bébés parce qu'il faisait extrêmement froid. C'est la première fois que je vois la neige. Tout est blanc autour de nous. Les autres passagers à bord de ce vol se sont rendus à la salle d'attente. Le temps de vérifier l'appareil, puis nous avons repris le vol.

Il était sept heures du matin lorsque nous avons aperçu la ville de Moscou engloutie sous la neige. Tout était blanc, difficile de distinguer les routes de la piste d'atterrissage. Les enfants et moi sommes mal couvertes car leur papa n'a pas pu nous trouver des manteaux malgré le temps qu'il fait. Nous avons trois heures d'escale. Assez de temps pour remplir nos formalités, récupérer nos bagages et prendre un long couloir qui nous dirige directement dans l'avion. Nous prenons donc un autre vol, celui d'Air France pour Paris.

De nouveau nous survolons le ciel de Moscou. Je n'étais toujours pas arrivée à ma destination. Nous sommes le dix décembre 1993. Le but de mon voyage n'était pas d'aller voir tous ces pays, seulement je n'avais pas le choix, j'avais des billets d'avion qui dictaient l'itinéraire à prendre, première chose. Deuxièmement, je n'avais pas pu obtenir le visa du pays auquel je devrais me rendre. Je partais pour la Belgique et malheureusement pour moi, les choses ne s'étaient pas passées comme nous l'aurions souhaité, mon compagnon et moi.

Je me rappelle ce qui s'était passé : d'après le ministère de l'Intérieur de Belgique, j'étais déjà enregistrée comme revendiquant le statut de réfugiée politique. Sur le coup, je n'avais pas très bien compris ce que ça voulait dire. Je m'étais empressée de téléphoner à Mike qui, lui, vivait déjà dans ce pays depuis deux ans, pour lui dire que je ne pouvais obtenir le visa belge ni maintenant ni après pour des raisons que j'ignorais. Il était resté silencieux un long moment, puis, de nouveau m'avait reposé la question :

— Qu'est ce que tu as dit ? Que le ministère de l'Intérieur belge ne veut pas te donner le visa ?

— Oui, c'est ce qu'on m'a dit, je ne peux pas avoir le visa de la Belgique, il m'a été refusé.

— Et pour quelle raison tu ne peux pas l'obtenir ?

— J'aimerais bien le savoir pour te l'expliquer, malheureusement je ne connais pas les motifs exacts. Ils m'ont aisément dit que mon nom était enregistré au ministère de l'Intérieur, mais le reste j'ignore sincèrement ce que ça veut dire.

— Il doit y avoir une erreur de leur part, parce que ce n'est pas normal. Tu dois repartir là-bas, certainement il y a une erreur. En principe tu devrais avoir ton visa.

— Non ! Je ne peux plus retourner à cette ambassade. Je pense qu'ils ont été clair là-dessus et de surcroît, je ne veux pas qu'ils me donnent la poisse devant tout le monde.

— Il n'y a aucun problème, c'est des cons, ces gens-là. D'ailleurs, je te conseille de demander un visa français, c'est mieux pour toi et pour moi aussi d'ailleurs. Tu sais bien que les Gabonais obtiennent facilement un visa français, ce qui n'est pas évident pour d'autres pays d'Afrique noire.

Ainsi, ayant été désenchantée, je n'avais plus le courage de refaire une démarche quelconque. Mais le projet d'aller un jour visiter l'Europe était resté au fond de moi. Pas pour aller y vivre. Entre-temps, je reçus des billets d'avion d'Aeroflot que mon compagnon m'envoya pour me motiver à nouveau.

Je savais au départ que le voyage allait être pénible. Pour ne pas le décevoir, la seule façon de lui montrer que je l'aimais était de prendre mon courage à deux mains et d'aller à l'ambassade de France en compagnie de Marielle qui tenait à ce que les enfants aillent voir leur père qu'elles ne connaissent pas réellement. Micé avait juste un an quand Mike était parti et j'étais enceinte de Doriane. Depuis qu'elle était venue au monde, un an et cinq mois s'étaient écoulés.

Deux années plus tôt, mon compagnon avait obtenu son visa pour la Belgique sans aucune difficulté. Il partait pour faire des études mais il avait également bien planifié son voyage. Financièrement, il était bien préparé et ne pouvait que facilement obtenir le visa. Par conséquent, je pensais que cela pouvait être aussi facile pour moi, comme ça l'avait été pour lui par le passé. Hélas...

À ma grande surprise, à Roissy Charles-de-Gaulle, Mike n'est pas là. Depuis deux heures, j'attends à l'aéroport, je suis seule avec mes deux filles, je remarque le va-et-vient des flics et je me rends compte qu'ici je suis sur un terrain glissant, ces policiers qui passent et repassent risquent de venir vers moi, me poser des tas de questions, comme par exemple : d'où venez-vous ? Où est ce que vous allez ? Chez qui ? Vous êtes venue pour combien de temps ? Toutes ces questions qui dérangent lorsque l'on n'a pas de réponses exactes et convaincantes à donner.

Que leur dirais-je ? Que je vais en Belgique chez mon compagnon pour passer les vacances de Noël ? Ils me répondront carrément que, Madame, ici vous êtes en France et si vous voulez aller en Belgique il vous faudra faire la demande d'un visa belge, et ça risque encore de me compliquer les choses davantage. À cette époque-là, il n'y avait pas encore les accords de Schengen. Forcément, pour se rendre d'un pays européen à un autre, il fallait absolument prendre un visa.

Bon sang où est-ce qu'il est ? De par mon accoutrement, on peut voir que je viens d'arriver d'Afrique. Bien que je sois ici en France légalement, on peut d'une minute à l'autre me renvoyer si on constate que je ne connais personne dans ce pays et surtout que je n'ai nulle part où aller. Mike sait pourtant que nous sommes arrivées. C'est lui qui avait acheté les billets, il m'avait aussi dit qu'il les avait photocopiés, forcément il doit savoir que nous sommes là. J'attends encore une heure avant de décider d'appeler en Belgique.

Mike paraît surpris.

— Allô ! chéri c'est moi ! Mais tu es encore en Belgique ? Nous sommes arrivées à Paris depuis onze heures et demie, depuis de longues heures nous t'attendions, les enfants sont épuisées tellement le voyage a été long. Elles sont en train de dormir et moi-même aussi je suis fatiguée. As-tu eu un contretemps ?

— Non, j'ai demandé à un ami de venir vous chercher à l'aéroport de Roissy. Il vit à Lyon et je pense qu'il va arriver d'une minute à l'autre, parce qu'il m'a téléphoné juste avant de partir.

— Est-il déjà parti de Lyon ?

— Oui !

— Tu crois qu'il va arriver d'une minute à l'autre ?

— J'espère que oui. Encore un peu de patience. Il va falloir attendre, plus ou moins deux heures, et il sera là. Ensuite, vous prendrez le TGV à la gare du Nord de Paris, pour Lille.

— C'est quoi le TGV? Et Lille, c'est vers où ? C'est en France ou en Belgique ?

— C'est le train à grande vitesse ! Il va plus vite que le train normal ! Lille, c'est toujours la France.

— Et ton ami, comment s'appelle-t-il ?

— Il s'appelle Mathieu, il est grand et....

— On dirait que tout est grand ici !

Tout de suite notre conversation est interrompue. Je rappelle mon compagnon pour avoir plus de précisions. Impossible. C'est la messagerie au bout du fil, quelqu'un me parle dans une langue que j'ai du mal à saisir.

Wa how ! Je pensais qu'en Belgique on ne parlait que le français comme en France ! C'est quelle langue finalement que j'entends au bout du fil ? Ce n'est ni l'anglais, ni le chinois ! Finalement c'est dans quelle langue qu'on me parle ? C'est... c'est comme si on parlait en allemand !

Je recompose le même numéro pensant m'être trompée en tapant sur les touches. C'est le même répondeur. Embarrassée, je ne sais plus quoi faire, ni vers qui me tourner pour exprimer mon angoisse. J'attends encore, en espérant que quelqu'un vienne à mon secours. Ce n'est pas le moment de paniquer, il faut que je garde mon calme pour me sortir de la situation.

Assise sur les bancs métalliques, j'attends avec mon bébé dans les bras, ma fille Micé a la tête sur mes jambes, en train de dormir. Cinq heures de temps à Roissy, c'est épuisant. Je vois des personnes de toutes les couleurs, de cultures confondues. Certains nous regardent comme si nous étions des malpropres, de haut en bas, sans rien dire, pas de bonjour. Je comprends que je me trouve dans un autre monde. Même les Africains de Paris ne sont plus Africains, de par leur façon de parler, leur accent a changé, ils ne sont plus pareils, il y a quelque chose de naturel qui leur a échappé, je ne sais pas quoi... mais je constate qu'ils sont transformés.

Moi qui viens d'arriver du bled, ça se voit aussi, par ma

façon d'observer les autres, ma curiosité attire aussi les regards des gens et, peut-être mon accoutrement n'est pas correct aussi, sans doute par rapport aux gens qui vivent ici à Paris.

Mon bébé a son Pampers rempli de pipi, il va falloir le lui enlever. J'abandonne mes bagages pour essayer de trouver les toilettes. Mes enfants sont plus importants que ce que j'ai dans les sacs. L'essentiel pour moi est de prendre mon petit sac à main dans lequel j'ai mon passeport, un peu d'argent aussi. À dix mètres, un agent de police. *Courage,* me dis-je. Je me dirige vers lui, pour qu'il m'explique où se trouvent les toilettes. Il n'aura pas fini sa phrase que je tourne les talons précipitamment car je sens que ma vessie va éclater, tellement que je me suis retenue. Finalement...

À mon retour, un homme se dirige vers moi pour me demander si c'est moi madame Mike.

— Oui, dis-je.

— Je suis l'ami de votre mari, Mike. Je m'appelle Mathieu. Est-ce qu'il vous a dit que c'est moi qui viens vous chercher ?

— Exactement, seulement notre conversation a été interrompue je ne sais pas pour quelle raison, j'ai essayé de le rappeler plusieurs fois en vain, mais on me répond dans une langue que je ne comprends pas.

— En fait, sa ligne téléphonique est suspendue provisoirement ! Donc vous ne savez plus le joindre pour le moment. Et la langue que vous n'arrivez pas à saisir c'est le néerlandais, en Belgique on parle deux langues, voire même trois.

— Alors, que dois-je faire ?

Il est quatre heures de l'après midi.

— Je vous accompagne à la gare du Nord de Paris, ensuite vous allez prendre le TGV pour Lille. Quant à Mike, il sera déjà là. Il va arriver avant.

— Je voudrais savoir s'il vous plaît, Lille c'est la Belgique ?

— Non, c'est toujours la France mais c'est non loin de la frontière. Présentement, sa situation ne lui permet pas de sortir de la Belgique, voilà pourquoi il ne pouvait pas venir à l'aéroport vous accueillir, parce qu'ici le problème des papiers c'est grave, on expulse les gens tout le temps.

À la gare du Nord de Paris, Mathieu se dirige devant un guichet pour m'acheter un billet Paris-Lille.

— Pourquoi mes enfants n'ont-ils pas de ticket, Mathieu ?

— Tout simplement, les enfants en dessous de quatre ans ne payent pas de ticket. Puisque vous partez dans une heure, nous allons nous asseoir au Mac Donald et manger des hamburgers. J'imagine que vous avez faim !

— Absolument. Depuis que nous sommes arrivées, nous n'avons rien mangé.

Vu que nous avions effectué un long et pénible voyage, en fin de compte, les enfants et moi n'avons plus d'appétit. Nous commençons à peine à grignoter nos frites et des hamburgers que ma fille Micé somnole. Elle a son menton complètement dans son assiette.

Nous revenons à la gare vingt minutes avant le départ, pour ne pas rater le train. Nous embarquons. Mathieu monte pour m'aider à trouver la place, je lui rappelle qu'il doit vite descendre avant que le train ne démarre. Nous nous sommes parlé encore deux, trois minutes peut-être avant que nous nous disions au revoir.

Même scénario à la gare de Lille : Mike n'est pas là encore.

Par contre, une dame de race blanche me propose son aide car, avec tous les sacs que j'ai, je ne peux les transporter seule.

Deux heures encore s'écoulent avant que je n'aperçoive trois hommes d'origine africaine s'avancer vers moi. Enfin, les voilà, ils sont là.

— Mike ! Enfin vous êtes là !

Nous nous embrassâmes.

— Pourquoi n'es-tu pas venu à l'aéroport de Roissy nous accueillir ?

— Tu sais quoi, ma chérie, je devais d'abord mettre de l'ordre dans l'appartement, pour que les enfants et toi puissiez trouver l'endroit propre.

— Mais ta présence était quand même nécessaire à l'aéroport, mon chéri ! Tu ne peux pas comprendre comment j'ai souffert avec les bambins.

— J'en suis conscient, mais il fallait que je mette de l'ordre, surtout pour mes enfants.

— On s'en fout que l'appartement soit propre ou pas, le plus important c'est de nous retrouver en famille comme maintenant, ça fait deux ans que nous ne nous sommes pas vus.

Mike et ses amis étaient venus en voiture nous chercher à Lille.

— En route pour la Belgique !

— Mes enfants, la souffrance est finie ! Désormais vous vivrez aux côtés de votre papa.

Sur le coup, cette phrase ne voulait absolument rien dire. Je savais que nous étions venues passer les vacances de Noël, ensuite nous repartirions bientôt au Gabon.

III

Nous sommes arrivées à la gare de Bruxelles Midi en Belgique à vingt-trois heures. Nous sommes le 10 décembre 1993. Par contre, nous devions encore prendre le train pour nous rendre à Leuven en Belgique flamande, où vit Mike depuis deux ans. Le trajet dure environ vingt minutes.

Dans l'appartement, un homme est assis dans un fauteuil en train de regarder la télé. Mike fait des présentations :

— Célestine ! Je te présente mon ami, Alan. Alan ! Voici Célestine dont je vous parle souvent.

J'ai trouvé que l'endroit était calme et propre. Autrefois, je me souviens que le ménage n'était pas le point fort de Mike. Voir l'appartement bien entretenu me fait penser que l'Europe éduque les gens, même au niveau de la propreté.

Quelques minutes après notre arrivée, Alan nous dit au revoir.

— Madame, heureux d'avoir fait votre connaissance, nous nous reverrons demain, il faut que j'attrape le dernier train, j'attendais que vous arriviez avant de m'en aller.

— Où vivez-vous ? lui demandais-je.

— Je vis à Liège en Wallonie, mais maintenant je vais à Bruxelles chez des amis et je vais dormir là-bas.

— À bientôt.

Nous sommes seuls avec nos deux enfants. Enfin nous pouvons discuter car nous avons plein de choses à nous dire, à la fois ça fait bizarre, comme si nous n'avions jamais vécu ensemble. Il nous faut encore quelques jours, voire une ou deux semaines pour nous habituer à nouveau. Je me rappelle encore cette première nuit-là où Mike et moi avons dormi comme deux étrangers. Nous n'avons que très peu parlé, sans nous toucher non plus.

Pourtant, nous avions passé deux années sans nous voir. Mais là n'est pas vraiment le problème.

Nous sommes le 11 décembre, le lendemain, lorsque son ami Alan revient à six heures du soir. Il paraît confus, le regard vague, comme s'il veut dire quelque chose, mais n'ose pas le faire parce que le moment est mal choisi. Je l'observe à la dérobée. Certainement ma présence le gêne. Je lui propose une tasse de café, qu'il prend bien volontiers. Au début, son attitude ne me dérange pas. Ce n'est que la suite des événements qui me fit comprendre le reste.

— C'est le moment maintenant de soumettre ton problème à Célestine, n'attends pas que les jours passent pour le lui dire ! dit Mike. Si tu veux régler cette histoire, c'est le moment.

— De quoi parlez-vous ?

L'interphone retentit et la conversation est interrompue.

Assise sur une chaise devant la table, je fais boire le biberon à mon bébé. L'interphone est juste au dessus de ma tête. Je décroche pour demander « Qui est-ce ? » La personne ne se prononce pas. Juste deux minutes après, ça resonne. Cette fois-ci, Mike m'interdit de décrocher.

— Qui est-ce ?

Apparemment, il connaît la personne et nous dit qu'il doit aller ouvrir la porte.

— Qui a sonné ?

Il marmonne quelques mots et j'ai du mal à saisir le nom de son visiteur.

Je repose la même question à son ami Alan qui me dit :

— Il faut demander à ton mari qu'il t'explique.

Mike revient dix minutes plus tard. Il rentre en riant dans le salon qui est en même temps notre chambre. Tout est au même niveau, la porte de la cuisine est face à celle de la salle de bains.

Mike est accompagné d'une jeune dame à la corpulence forte. Grande de taille avec de gros seins qui débordent à travers son soutien-gorge. Son manteau à la main, avec un sac noir et un classeur. Je comprends qu'elle est étudiante.

— Alors, Laurencienne, je te présente Célestine. Célestine, voici Laurencienne.

Sans rien de plus, ni bonjour ni bonsoir.

La jeune dame a l'air très en colère. Elle me regarde avec condescendance. Sans dire bonjour.

— Rends-moi mes clés, Mike ! lance-t-elle.

— Pourquoi ? Ce n'est pas parce que mes enfants sont là que je ne vais plus m'occuper de toi, ajoute t-il.

Il oublie carrément que je suis là. À ce moment-là, il ne parle que de ses enfants.

— Et mon argent ? Quand est-ce que tu me le rendras ? dit Laurencienne avec un air de supériorité.

— Je te le rendrai ! dit-il, l'air très embarrassé, confus.

Je suis abasourdie. Un peu embrouillée, je les observe. Je me tiens un peu à l'écart de ce palabre. De toute manière, qu'aurais-je pu faire ?

— Calmez-vous, leur lance Alan. Qu'est-ce qui ne va pas ? Attendez une autre fois pour régler vos comptes !

La jeune femme disparut comme elle était apparue. Sans chercher à savoir qui j'étais pour Mike. Alan se lève à son tour et s'en va juste après qu'elle est partie. Sans dire au revoir. On se serait cru dans un film... Sauf que le scénario était bien réel.

Je compris que quelque chose n'allait pas. Je compris aussi qu'Alan et la jeune femme se connaissaient.

Je croyais être devant un inconnu, quelqu'un que je n'avais jamais rencontré de ma vie. Je ne le reconnaissais pas du tout.

Le problème se concrétise lorsque je demande à Mike qui est cette femme. Brusquement, il se lève. Il est hors de lui. Il oublie même que depuis deux ans nous ne nous sommes pas vus. Et que je suis là depuis à peine vingt-quatre heures.

— Qu'as-tu dit lorsqu'elle était là ? Tu es restée muette, il fallait lui poser la question ! me dit-il. Elle est partie et tu oses maintenant me poser des questions à son sujet ?

Vers vingt-et-une heure, furieux, Mike me dit qu'il va chercher Laurencienne pour qu'elle vienne elle-même m'expliquer quel genre de relation ils ont. Je suis en larmes et ne parviens pas à le raisonner. Il est tellement en colère, une colère qui dépasse l'étendue du problème. Il est agressif, crispé, ne sait même plus se maîtriser.

J'entends la porte claquer. Il s'en va à la recherche de Laurencienne pour qu'elle vienne elle-même éclaircir les choses. Et aussi peut-être m'injurier, qui sait... Malgré mes supplications, il s'en est quand même allé.

Un quart d'heure après, ne le voyant pas revenir, je commence à m'inquiéter. J'attends avec impatience son retour. Au fond de moi, je me dis qu'il ne ferait jamais une chose pareille. Je pense que ça doit être une farce, c'est juste pour me faire peur afin que j'arrête de lui poser des questions sur cette femme.

Une heure plus tard, Mike est de retour, accompagné de son ami Piero. Je suis stupéfaite de voir Laurencienne aussi.

Piero connaît bien Mike, il a vécu dans ce même appartement, avant d'aller louer une chambre ailleurs non loin de là. Ce n'est que des mois plus tard que je l'ai su.

Y a-t-il un autre reproche que Mike me fait pour être dans cet état ? Ce n'est pas à cause de cette question bête que je lui ai posée qu'il a fait tout ce trajet pour aller chercher cette femme afin de venir s'expliquer... Au point de perdre le contrôle ?

★

★ ★

En 1991, Mike m'a obligée à devenir membre de la Rose-Croix parce qu'il faisait partie de cet ordre ésotérique depuis fort longtemps. Je l'ai su par hasard, pas même par lui. Quelqu'un de sa famille m'en a avisée. Je commençais également à avoir un doute à propos de ses prières qui prenaient autant de temps que de fois dans une journée. Seul, dans une pièce isolée, il faisait des rituels, et on ne pouvait pas le déranger. Auparavant, il avait toujours nié en être membre. Pourtant, deux années plus tard, il me l'apprit. Avait-il peur que je le quitte en apprenant qu'il était rosicrucien ? Ce

nom fait peur en Afrique. Chez nous, Rose-Croix est égal à...
sacrifice. Un rosicrucien, c'est quelqu'un qui sacrifie les membres
de sa famille, que l'on a du mal à approcher. On est caricaturé. En
cas de décès dans la famille, la première personne que l'on accuse
est celui qui fait partie de ce mouvement. On est montré du doigt
partout et je dirais même qu'on est moins apprécié par ses proches.
Il faut étudier la philosophie, apprendre la maîtrise de soi-même,
apprendre aussi à connaître son être, son ego.

Mike m'a juste tendu une enveloppe fermée. Apparemment,
c'est un courrier venant de loin. Malheureusement, je ne connais
pas l'expéditeur. Mon nom est inscrit clairement sur l'enveloppe.
Mon inscription à la Rose-Croix s'est faite sans que je le sache...
ou que j'en comprenne la raison d'ailleurs.

— Pourquoi as-tu donné mon nom à cette société secrète, à
cette secte ? Je pense que la moindre des choses, ça aurait été de
m'en parler, qu'on en discute et surtout, avant de prendre cette
initiative, que je te donne mon approbation. Que je dise « oui »
n'est-ce pas ? Ce que tu viens de faire prouve que tu ne me laisses
pas le libre choix. Mais là, je ne parviens pas à te comprendre vraiment. Nous ne pouvons pas fonctionner de cette façon-là, toi et
moi. On se sépare et chacun prie à sa manière, mais chez soi.

Le problème devient disproportionné, démesuré. Mike ne
veut pas entendre parler de séparation. Les yeux de mon compagnon deviennent tout rouges, écarquillés comme s'il avait envie de
me faire disparaître sur le champ. Comme s'il avait attrapé une
folie passagère. C'est vraiment effrayant de voir quelqu'un changer
l'expression de son visage tout d'un coup. L'homme que l'on a
aimé devient un autre, un inconnu en quelque sorte.

— En tant que personne spirituelle, tu ne devrais pas avoir
d'excès de colère !

Pour ma part, je sais que c'est le début des ennuis. Les

enfants sont terrorisées, elles s'accrochent à moi. Je supplie Mike de ne pas aller chercher « la dame ». Malgré cela, il y va quand même. Pourquoi ai-je eu l'audace de lui poser cette question, je me le reproche immédiatement.

— Debout, Célestine ! m'ordonne Mike. Je suis allé chercher Laurencienne, elle est là. Viens parler avec elle si tu es une femme.

Je n'ai pas le courage de dire un mot, ni à la femme, ni à son ami Piero et encore moins à Mike.

Lui et la femme se mettent à m'insulter, à me dénigrer. Les insultes sont si crues, si choquantes que je tombe des nues. Je me dis que j'aurais dû retenir ma langue !

Face à une situation pareille, on perd la parole et la force même de se défendre. On devient tout petit.

Du coup, il me frappe, une gifle après l'autre. De l'autre main, il me tire les cheveux, et les injures pleuvent. Devant mes enfants, devant Piero et devant sa nouvelle élue. Une façon de me rabaisser et de me faire comprendre que je n'ai rien à dire chez lui.

— Ne fais pas ça, Mike ! lui dit Piero. C'est quand même la mère de tes enfants. Ton devoir est de la respecter !

Mon soupçon se transforme vite en certitude. C'est clair, je suis devant une rivale. Celle qui allait devenir la femme de Mike. Mais elle ne sera jamais la mère de mes enfants. De l'autre côté du lit, Grâce (Doriane Lursa) et Princesse (Micé Jennifer) pleurent, elles sont horrifiées. À peine arrivées, elles savent déjà que la vie ne va pas leur offrir les joies et les bonheurs que tous les enfants rêvent d'avoir. Je me demande combien de semaines il va falloir encore que je vive ici, avec tout ça ? Je me fais alors un serment : je promets de ne plus jamais poser des questions de ce genre à Mike. Jusqu'à ce que je reparte avec mes enfants à Libreville.

— N'essaye surtout pas de t'enfuir avec mes enfants, Célestine ! hurle-t-il. Tu vas repartir seule sans les gosses ! Ce sont mes enfants et non les tiens. Tu ne fais plus partie de leur vie à présent. D'ailleurs, Laurencienne est capable de prendre soin de mes gosses ! C'est elle qui devient leur mère maintenant, je dois te le faire savoir. Et c'est officiel.

— Mais pour combien de temps ? lui lançais-je.

Cette réponse le met encore plus farouchement en colère. Il m'entraîne par terre, donnant des coups de poings par ici et par là. Enragé tel un pitbull, prêt à me dévorer. Je me culpabilise. Si seulement je pouvais fermer ma bouche, ne pas répondre aux agissements de cet homme, je ne me serais pas retrouvée dans une guerre des tranchées, sans fin... C'est plus facile de faire la guerre que de faire la paix... Je paye le prix maintenant.

Après m'avoir brutalisée la nuit, le lendemain – nous sommes le 12 décembre – Mike me demande d'accompagner son ami Alan dans un service public. Je lui dis que je ne peux pas l'accompagner aujourd'hui pour plusieurs raisons : tout d'abord je n'ai pas de manteau, je suis fatiguée parce que j'ai mal dormi, et je suis ici pour passer des vacances et non pour faire du n'importe quoi. Je lui demande tout de même pourquoi ma présence doit être utile dans ce bureau administratif. Tant de femmes africaines vivent dans ce pays, des femmes que Mike et son ami connaissent bien. Pourquoi ne pas proposer celles-là, qui vivent depuis longtemps dans ce pays ?

Cette question me trotte dans la tête toute une nuit.

Il leur fallait utiliser quelqu'un qui venait d'arriver, quelqu'un qui ne connaissait pas encore comment ça se passe ici dans cette histoire de papiers. Profiter des règlements et de la bureaucratie d'un pays pour atteindre leur but. Ce n'est que des années plus tard que j'ai compris leur manège.

— Tiens ! me dit Mike. Tu dois commencer à étudier tout ce qui est écrit sur ce papier, parce que demain tu accompagneras Alan dans un bureau administratif car il veut faire venir son épouse ici en Belgique. Et ce serait possible et même évident qu'on te questionne sur sa vie. Par exemple : ce qu'il a fait au Gabon avant de venir, le nom de son père et de sa mère, où ils vivent. Bref, sur sa vie et sur la tienne aussi. Tu comprends ce que je veux dire ! Donc tu dois tout connaître par cœur !

— Tu as dis de ma vie à moi ?

— Non, je veux dire de sa femme.

— Enfin, je ne comprends pas pourquoi c'est moi qui dois l'accompagner ! Je ne connais pas ton ami, je viens à peine d'arriver et je ne sais pas comment m'y prendre pour faire ce genre de choses, je veux dire...

À ce moment-là, je n'arrive pas à sortir la phrase. J'ai la gorge nouée, je bous de colère. Puis je continue ma phrase en disant :

— Tu veux dire, me mettre dans la peau d'une autre personne !

— Je vais te le dire maintenant ! Les billets d'avion que vous avez utilisés, les enfants et toi, pour venir ici, c'est lui, mon ami Alan, qui les a achetés avec son argent. Autrement dit, vous ne seriez pas ici aujourd'hui-même. Donc, tu fais ce que je te demande ! Il n'y a rien de grave ! ajouta-t-il, l'air menaçant.

Je me mis donc à étudier tout ce qui était écrit sur la feuille que Mike me donna. Sous sa pression et sa haute surveillance, je me mis à lire, relire, puis encore et encore.

— Ne fais surtout pas d'erreur là-bas ! Il ne t'arrivera rien de mal si tu es sage ! me répète sans cesse Mike.

Il a tellement insisté, disant que ce n'était qu'une simple formalité, que je ne risquais rien et que ce dossier allait permettre à son ami de faire venir son épouse en Belgique... Pour finir, j'ai accepté. Parce qu'ils ne m'ont pas laissé le libre choix de décider, ni de réfléchir.

Mike était à la fois suppliant et autoritaire. Se le reproche-t-il seulement au plus profond de son être de me traiter comme une étrangère...? Il avait l'air inquiet aussi.

Nous sommes le 14 décembre 1993, le jour où son ami Alan vient très tôt le matin me prendre en taxi pour aller faire ses démarches administratives. Il a un grand sourire qui lui arrive jusqu'aux oreilles. Serein, confiant, un peu trop sûr de lui.

— Je dois me faire passer pour ton épouse ! C'est ça...

En route, Alan me demande si j'ai eu le temps de prendre mon petit déjeuner ? Je lui réponds simplement par la tête : non !

J'ai vraiment envie de lui cracher sur le visage, envie de crier au secours, mais je me rends compte que je suis rentrée illégalement dans ce pays. Mike m'a déjà montré son vrai visage, il n'hésitera pas à dire aux autorités de ce pays qu'il ne sait pas comment je suis arrivée en Belgique, ni qui je suis. Et on m'expulserait peut-être sans mes enfants.

Quand Alan me sourit, je fais semblant de lui montrer mes dents pour dissimuler ma rage. La phrase de Mike me revient en tête. Celle qu'il a prononcée juste avant que je sorte de l'appartement. « Ne fais surtout pas d'erreur là-bas ! Il ne t'arrivera rien de mal si tu es sage. » Telle une enfant à qui l'on donne des ordres. Si tu n'obéis pas, malheur à toi.

Nous arrivons à la gare de Leuven tôt le matin, Alan et moi. J'ai mon bébé dans les bras. Ensuite, nous prenons le train pour nous rendre à Bruxelles Nord. Il est sept heures. Nous prenons le métro, puis le tram pour nous rendre à l'adresse indiquée. Ma fille Grâce dans mes bras, en train de dormir, la pauvre enfant n'a pas fini son sommeil. Nous ne savons pas où on nous emmène. Tout ça par ma faute : si j'avais seulement compris les conseils de ma mère et de presque toute ma famille, je ne serais pas ici aujourd'hui.

Ma famille ne pouvait pas voir Mike. Maintenant je leur donne raison. Tous me disaient « Célestine, fais attention avec ce type-ci, il est louche. Il nous paraît bizarre, pas clair dans ce qu'il est. Quelqu'un de fourbe comme lui pourrait un jour te surprendre. » Je ne comprenais pas ce qu'ils voulaient dire par là. Je me disais tout simplement que c'était de la jalousie, qu'ils étaient contre mon bonheur. Ça aurait pu être quelqu'un d'autre, leur réaction aurait été exactement la même.

Alan et moi approchons d'une clôture entourée de fils de fer barbelés. À l'intérieur, je suis étonnée de voir une masse de personnes. Deux interminables longues files d'attente. Des hommes, des femmes, des enfants de tous âges. Des personnes de toutes couleurs. Je ne peux m'empêcher de demander à Alan que font toutes ces personnes ici. Il me répond avec hésitation.

— Heu ! tu veux dire eux ?

— Oui !

— Ils sont là pour le même problème ! Ils veulent aussi faire venir leurs familles.

— Finalement c'est facile de faire venir sa famille ici.... je veux dire en Europe ?

Ma question cette fois-ci restera sans réponse.

À l'entrée de cette grande porte, je constate que les gens ont des feuilles blanches à la main. Chaque fois que quelqu'un arrive à la hauteur des policiers qui se trouvent à l'entrée, on présente les documents que je suppose être des pièces d'identité permettant d'entrer à l'intérieur de la salle. Les deux longues files interminables avancent tout lentement, je meurs d'impatience, tellement j'ai mal aux bras de tenir mon bébé pendant de longues heures. Au-dessus de la grande porte, il est écrit :

COMMISSARIAT GÉNÉRAL AUX RÉFUGIÉS ET AUX APATRIDES

À pas feutrés, j'avance comme un chat devant cette porte. C'est notre tour devant les policiers. Alan présente ses documents.

— C'est madame ! dit-il aux policiers. Elle est arrivée il y a à peine quelques jours, je l'amène afin de mettre son dossier à jour.

Les policiers nous demandent d'entrer. Je ne peux qu'obéir parce que de toute manière, je n'ai plus le choix. J'ai deux autres policiers qui me surveillent et me donnent des ordres discrètement. Il s'agit bien d'une manœuvre de Mike et Alan. Je me demande si cela n'est pas illégal ici en Belgique, où même ailleurs dans n'importe quel pays au monde, de forcer quelqu'un à faire quelque chose contre sa volonté. *Ne sont-ils pas plus dangereux que ces hommes en uniforme qui sont devant moi* ! me dis-je en me mordant la langue.

Lui et son ami m'ont déjà mise en garde avant de sortir de l'appartement. Et je sais que la vie de ma fille Princesse en dépend. Elle est restée en otage entre les mains d'un malade, capable de lui faire vivre le pire si je ne fais pas ce qu'il veut. Mike, que je croyais être un bon père pour mes enfants, est un psychopathe.

Nous voilà dans cette grande salle qui est déjà bondée de gens venant des quatre coins de la planète. Alan me demande de m'asseoir, j'accepte sans résistance. Tout le monde a un numéro à la main. Je compris qu'il faudrait me lever quand on appellerait le nôtre. Chaque fois qu'on appelait un numéro, les personnes se dirigeaient vers la même direction. Devant cette autre porte, une dame guide les gens. Je suis épuisée. Ne parviens même pas à demander un verre d'eau, mes lèvres sont sèches. Quant à mon bébé, elle n'arrête pas de hurler, pas de biberon ni de biscuit pour la calmer.

Le paquet de Pampers que j'avais acheté à Libreville est fini. Mike ne veut pas lui en acheter d'autres. Trop grande pour son âge, me dit-il, pour qu'elle porte encore des couches culottes jetables. Un an c'est vieux, elle doit apprendre à aller seule aux toilettes lorsqu'elle veut faire pipi. Le pantalon de mon bébé est trempé d'urine, mais je n'ai rien prévu d'autre pour la changer. Croyant que ça allait prendre moins d'une heure. Comme ils me l'ont fait croire.

Je bouillonne de l'intérieur, j'invoque tous mes ancêtres de venir me sauver de cette situation.

Après trois longues heures d'attente, notre tour est enfin arrivé. Alan se lève et me fait signe de la tête, pour que je le suive. C'est à nous maintenant ! Nous nous dirigeons dans la même direction que les autres, puis au moment où nous voulons franchir le seuil de cette porte, un homme vient à notre rencontre et nous demande de le suivre dans la pièce d'à côté où se trouvent plusieurs appareils. Et je me demande à quoi servent toutes ces machines !

— Donnez le bébé à votre mari, Madame ! m'ordonna l'officier. On va prendre vos empreintes, puis ce sera au tour du bébé.

Je tends l'enfant à Alan qui n'est pas réellement le père de mon bébé. L'enfant lance un cri perçant qui attire le regard des gens. Tout mon intérieur se raidit, mon cœur bat tellement fort que j'ai peur qu'il éclate et mes mains tremblent. J'ai un sentiment de culpabilité et je suis envahie par la peur. La peur d'être arrêtée sur le champ. Qu'on découvre aussi cette fraude. Mais ma pauvre petite fille dans tout ça ! Qu'a-t-elle fait pour qu'on prenne ses empreintes ?

L'agent me demande de m'asseoir, je m'asseois. Quelques flashes de photos. Puis vient le tour de mon bébé, sous les yeux impuissants de sa maman. J'ai pitié pour elle, qui ne connaît rien de ce qui se trame à présent. Elle est trahie par son propre père, comme il m'a vendue moi aussi.

— Les empreintes digitales et les photos que nous venons de prendre vous serviront pour votre « annexe 26 », les autres resteront dans nos archives, m'explique-t-il.

Face à la réalité de cette manœuvre frauduleuse illimitée, je ne sais quoi faire, et surtout quelle autre surprise ils me réservent, je n'en sais rien... Désormais, je fais partie de leur groupe sans le vouloir. *J'espère que tout ce que vous manigancez contre moi sera découvert un jour !* me dis-je. Si seulement l'officier pouvait s'en apercevoir pour que cesse cette manipulation perpétuelle.

Je compris rapidement mon erreur, celle d'avoir entraîné mes enfants vers un monde inconnu, vers des personnes sadiques. Ils m'ont tendu un piège et je n'ai pas vu le danger arriver. Quelle belle et grosse erreur ! L'erreur de les avoir emmenées chez un père qui a perdu tout sens d'humanité, qui n'a plus de cœur... Que je le veuille ou non, je suis devenue moi aussi une complice malgré moi. Et personne ne me comprendrait. Je viens de commettre quelque chose d'extrêmement grave ! Non seulement j'ai enfreint la loi, mais aussi je suis entrée illégalement en Belgique, je ne devrais pas être ici dans ce pays. Je n'arrive pas à comprendre comment je me suis laissée embarquer dans une histoire aussi scandaleuse, malgré mes vingt-neuf ans. Je culpabilise.

IV

IL EST DIX-SEPT HEURES quand nous arrivons à la gare de
Leuven après nous être acquittés de toutes les formalités. Sur
le chemin de retour, j'ose tout de même poser une question :

— Pourquoi ne m'avez-vous pas dit, Mike et toi, avant de
nous envoyer là-bas dans ce ministère, qu'on allait me faire des
photos, qu'on allait prendre mes empreintes digitales ? Pourquoi
m'aviez-vous caché tout ça ? Vous m'avez peut-être eue aujour-
d'hui, mais vous ne m'aurez pas deux fois. Vous n'êtes que des
menteurs, des sales menteurs, vous m'entendez !

Il resta sans réponse, m'observant même avec mépris, puis il
me demanda de poser cette question à son ami Mike, disant que
c'est lui qui aurait la bonne réponse à me donner.

Durant le trajet, Alan et moi ne conversons plus. Je suis à bout
de nerfs. Comme si j'allais exploser. Nous marchons de la gare
jusqu'à la rue Tiensestraat, sans aucune conversation. Je porte mon
bébé dans les bras. En arrivant, Mike demande à son ami Alan si tout
s'est bien passé. Ensuite, il vient vers moi pour vouloir m'embrasser,
une façon de me remercier pour le service que j'ai rendu à son ami.
Je lui demande de ne pas me toucher, sinon ça va mal se passer !

— C'est-à-dire ? Explique-moi ce que tu veux faire maintenant ! me demande-t-il avec condescendance.

— Tu vas me frapper, c'est ça ? Allez, vas-y ! Hein ! Frappe-
moi puisque tu es en colère contre moi. Ose et je repars tout de
suite avec les enfants !

— Tu peux t'en aller à la minute même, à une seule et
unique condition : sans les enfants. N'essaye surtout pas de t'enfuir
avec mes enfants, sinon ça va te coûter très cher. Elles sont à moi
et resteront avec moi désormais !

Je continue tout de même de croire qu'il s'agit d'un rêve – ou peut-être que ce n'est qu'une blague.

— Tu sais pourtant pourquoi je suis encore ici ? Je ne suis pas venue vivre pour de bon dans ce pays, tu le sais. J'ai accepté de venir passer les vacances chez toi avec les enfants parce que ça faisait deux ans que nous ne nous étions plus vus, et surtout tu m'avais dis qu'on repartirait ensemble au Gabon juste après les vacances de Noël. Tu le sais très bien !

Je suis emportée par la colère que j'ai accumulée depuis plusieurs jours. Mike ricane. Il se moque que je me sois déchaînée. Il se moque même de mes paroles qui au contraire le font rigoler.

Les jours défilent. Mike me rappelle que son ami Alan viendra nous prendre demain tôt dans la matinée pour le commissariat général. Parce qu'il faut donner encore quelques détails avant qu'ils ne nous remettent définitivement l'annexe 26 qui permettra à Alan de bénéficier d'aides sociales comme cohabitant et de gagner beaucoup plus d'argent, tout comme son ami Mike. Ainsi, nous avons été convoqués à une deuxième entrevue.

Je me rends compte que Mike et son ami tentent de m'exploiter à leurs fins frauduleuses. Je me sens humiliée, trahie et à la fois coupable de me soumettre aux ordres de monsieur et de son ami.

— Je refuse catégoriquement de me faire encore passer pour la femme d'Alan ! lui dis-je. Je ne suis pas son épouse. Prenez quelqu'un d'autre si vous voulez puisque vous en avez l'habitude. Mais je vous en prie, mettez-moi en dehors de tout ça. Je suis ici pour les vacances et non pour régler les problèmes des gens !

Mon refus de participer à ce jeu provoque la colère de Mike et de son ami. Dans la maison, je n'ose plus poser une seule question. Je suis stupéfaite. Mike devient de plus en plus menaçant, aussi bien verbalement que physiquement.

Le voyage du retour approche. Deux semaines avant le départ, Mike m'annonce que les enfants ne repartiront pas à Libreville.

— J'ai été à la compagnie Aeroflot rendre les billets d'avion des enfants, m'explique-t-il. C'est pour te dire que les enfants grandiront en Europe. Plus en Afrique. Si ce n'est pas en Belgique, ce sera peut-être dans un autre pays, quelque part en Europe.

Je ne peux m'empêcher de lui rappeler qu'il est en train de commettre une grosse erreur, que j'ai aussi un mot à dire sur ces enfants et que c'est moi leur mère, pas une autre. Qu'on le veuille ou non, les enfants repartiront avec moi au Gabon, chez nous, dans notre cher beau pays. Elles sont gabonaises avant tout. Sans quoi, je préfère que Mike et ses amis me fassent ce que bon leur semble.

— Tu n'es pas un père loyal, Mike ! Tu n'es pas non plus un papa sur qui je peux compter s'il m'arrivait un problème. Tu as toujours été malhonnête dans ta vie et tu le resteras ! Ce n'est pas comme ça qu'un vrai père de famille doit se comporter avec les personnes qu'il aime.

Je ne sais pas vers qui me tourner pour trouver une solution. Seule au monde entre quatre murs. Seule devant des personnes qui sont prêtes à me sacrifier. Je tourne en rond. Je ressens très mal ce qui m'arrive et je me dis que je ne dois surtout pas baisser les bras, peut-être qu'il y a quelqu'un quelque part qui pourrait me venir en aide. Apparemment tout ce que je lui dis ne rentre pas dans ses oreilles, tout me revient. Comme si je lançais un appel au secours en pleine nuit dans une savane et que l'écho de ma voix me revenait, sans soutien ni promesse...

Je sais pertinemment que Mike a été rendre les billets d'avion pour les enfants, qu'il a encaissé l'argent. Il m'a mis devant un fait accompli. Tout l'argent que j'avais, Mike a mis la main dessus et je me retrouve sans rien.

Son ami Piero est présent. Il essaye de lui faire comprendre que les fillettes n'ont pas encore l'âge de se séparer de leur mère, qu'il faudra encore attendre jusqu'à ce qu'elles aient au moins cinq ans. Mike ne veut rien savoir, il demande à son ami de ne pas se mêler des choses qui ne le regardent pas. Malgré ses nombreuses menaces, je lui dis que je ne rentrerai jamais au Gabon sans mes enfants. Je refuse d'accepter de quitter la Belgique sans mes deux petites. Ayant compris que je n'étais pas d'accord avec sa décision, Mike adopte une attitude menaçante envers moi et mes enfants. Il me fait chanter.

— Si tu insistes que les enfants doivent absolument repartir avec toi à Libreville, j'irai te dénoncer, me dit-il. J'irai dire aux autorités belges que tu as fait une demande d'asile politique au nom de quelqu'un d'autre.

Qu'il irait dire que je suis une mère irresponsable, une... une pute. Il a commencé à tout mettre sur mon dos en me culpabilisant.

— Tu sais quoi ! Aujourd'hui Alan a des problèmes avec les autorités de ce pays parce que tu ne veux plus te présenter au commissariat général. Pourquoi avais-tu d'abord dit oui, pour après dire non ! me demande Mike.

— Tu sais bien pourtant que je ne voulais pas faire ce genre de choses... marcher dans la fausseté. Vous ne m'avez jamais dit qu'Alan était demandeur d'asile. Je l'ai su en arrivant sur place. C'est vous qui ne m'avez pas donné le choix d'accepter ou de ne pas accepter ! Maintenant tu veux tout mettre sur mon dos, faire comme si tu n'étais pas au courant, comme si tu n'y étais pour rien, dans cette affaire ! Le jour où ton ami est parti faire cette demande, est-ce que j'étais avec lui ?

Parmi tous ses amis, le seul qui me comprenait était Piero. Lui au moins connaissait bien Mike parce qu'ils avaient vécu ensemble. Piero savait que Mike n'était pas la personne que l'on croyait. Mike avait plusieurs facettes.

Le voyage raté, je ne peux que me résoudre à la réalité. Continuer à me battre jusqu'à ce qu'il comprenne que les filles sont encore petites, qu'elles ont besoin de moi et qu'elles n'ont jamais vécu avec lui. Donc, ce serait difficile pour elles aussi bien que pour lui de vivre dans la tranquillité. Aussi surprenant et étrange que cela puisse paraître, Mike ne s'est jamais intéressé réellement aux enfants.

Cette envie absolue de l'autoritarisme est son plus grand

défaut pour notre couple.

Laisser les enfants en bas âge avec lui me faisait beaucoup réfléchir. Je voulais savoir ce qui se tramait derrière cette histoire. Un beau jour, alors que Mike n'a plus peur que je puisse organiser une fuite – il sait que je n'ai pas d'argent pour acheter un billet d'avion, ni pour moi ni pour les enfants. Il me laisse seule dans l'appartement avec les enfants, en attendant de trouver une solution pour moi. J'entends quelqu'un frapper à la porte et je me précipite pour aller ouvrir. C'est Piero son ami qui vient nous rendre visite. Je lui dis que Mike est sorti et que je ne sais pas exactement à quelle heure il sera de retour. Piero me dit qu'en fait il ne vient pas pour son ami mais parce qu'il a des confidences à me faire.

— Je sais où il se trouve en ce moment ! me dit-il.

Il continue en révélant que Mike est chez lui en ce moment avec sa maîtresse. Que celle-ci vit chez Piero depuis mon arrivée, parce que selon lui, Mike aurait fait déplacer Laurencienne provisoirement en attendant que je reparte à Libreville. Il avait lui-même fait une demande d'asile en novembre 1992, environ un an avant mon arrivée en Belgique et il avait présenté une autre femme, en l'occurrence sa maîtresse Laurencienne, à ma place. Piero m'apprend que celle-ci porte mon nom : officiellement, elle est l'épouse de Mike et la mère de mes enfants. Après mon départ, ensemble ils formeront une famille. Piero n'avait pas eu le courage de me le dire avant parce qu'il ne me connaissait pas encore vraiment. Il me dit qu'il en a marre de voir la manière dont Mike et sa bande me traitent.

— Comment ça, mon nom ! lui demandais-je. Moi c'est moi, elle c'est elle, non ?

— Oui, c'est pour cela qu'ils ont tout fait pour que tu viennes passer les vacances ici avec les enfants. Car Mike et Laurencienne auraient pris les enfants de la belle-sœur de celle-ci, qu'ils auraient été présentés à l'Office des Étrangers comme étant les leurs, pour permettre au couple de gagner beaucoup d'argent. Ainsi, ils sont harcelés par l'assistante sociale qui veut absolument voir les enfants. Vu que les petites qu'ils avaient présentées sont reparties au Gabon avec l'ex-belle-sœur de Laurencienne, ils ne savaient plus comment trouver d'autres solutions. Ils n'avaient en fait plus d'autre choix que de te faire venir avec les filles pour ensuite te les prendre de force.

— En un mot, ils m'ont utilisée ! Hein, c'est ça !

— Je sais aussi que la carte d'identité qui avait été établie à ton nom se trouve dans l'armoire qui est au salon, sur laquelle est posée la télévision. Le jour où tu seras seule, prends la peine de fouiller dans cette armoire et tu trouveras des choses invraisemblables. Ce n'est pas que je veuille mettre le feu entre vous deux, me dit Piero. Surtout prends garde...

— Et c'est pour cette raison que Mike m'a envoyé représenter la femme d'Alan dans ce bureau... enfin demander l'asile comme étant la femme de celui-ci ?

— Je le savais depuis le premier jour où tu es arrivée ici.

— Comment l'as-tu su ? Et pourtant tu n'étais pas là quand nous sommes allés ce jour-là au Commissariat pour les réfugiés ?

— Tous veulent se servir de toi, ensuite te... renvoyer... Je le savais depuis longtemps. Je suis au courant de tout ça grâce à Laurencienne. L'objectif, c'est de te faire repartir de force sans les enfants ! Ainsi, tous pourront vivre tranquillement leur vie sans être dérangés par qui que ce soit, surtout pas par toi bien sûr.

— Ensuite quoi ? Dis-moi tout ce que tu sais à propos de cette bande de truands, s'il te plaît Piero !

— Alan à son tour pourra bénéficier des allocations familiales comme le font Laurencienne et Mike.

— Comment cela ? Tu veux me dire qu'Alan est le frère de Laurencienne ?

— Oui, en fait il est son cousin, mais il l'a toujours considérée comme sa sœur, confirme Piero.

Mais enfin, dans quelle galère je me suis mise ?

— Laurencienne a une double identité. Elle a une carte d'identité qui est établie à son nom comme étudiante à l'ULB, l'Université Libre de Bruxelles. Et l'autre est à ton nom. C'est avec celle-là qu'elle fait des commandes de vêtements dans des boutiques. Elle a aussi ouvert un compte bancaire à ton nom. Tu devrais être au courant de tout ça.

J'étais déconcertée par ces révélations : que Mike avait lui aussi fait une demande d'asile et que pour garder sa maîtresse en Belgique, il l'avait ajoutée à sa demande en la faisant passer pour moi, sa vraie épouse. Je n'en revenais pas. À ma connaissance, non, il n'avait aucun problème de nature politique au Gabon.

Piero me supplia de ne rien laisser paraître, sinon il risquait de gros ennuis.

— Ne verse pas une seule larme devant Mike, autrement il comprendrait que quelqu'un t'a mise au courant de tout. Ne lui laisse pas voir que les choses vont mal, sinon...

Il me demanda si je voulais qu'il m'aide. Je lui répondis oui. Car je voulais absolument m'en aller avec mes enfants.

Frénétiquement, je me mets à fouiller partout, dans les placards, sous le lit, dans les valises ainsi que dans l'armoire dont Piero m'a parlé, à la recherche du moindre indice qui puisse me permettre de comprendre à peu près ce qui se passe réellement. Finalement, je tombe sur cette pièce d'identité dont il m'a parlé. Je reconnais le visage de Laurencienne sur la carte d'identité, mon nom y est inscrit, l'année et le lieu de naissance. Avec un autre document sur lequel la photo de Laurencienne est en noir et blanc, toujours à mon nom, sur lequel il est inscrit : annexe 26. À l'intérieur de ce document, il y a trois petites cartes d'identité pour enfants. Deux sont établies au nom de mes deux filles et une autre au nom de la nièce de Mike, la fille de sa petite sœur Jeannine. Le tout est mis dans une chemise en plastique sous un grand livre. Bien camouflé dans un coin.

J'avais troqué mon rêve pour le pire des cauchemars. Je me mis à pleurer, tellement pleurer. J'ai pleuré jusqu'à m'endormir.

Cette découverte me causait des douleurs au niveau de la tête comme si mon cerveau allait exploser. Pourquoi avais-je quitté ma bienheureuse vie paisible au Gabon pour venir me jeter dans un monde sans merci. Une association de faiseurs de mal, d'intrigants et de destructeurs. Je cohabite désormais avec la haine et la révolte. Un monde de truands. Inéluctablement, un monde de gangsters et de fous.

Je me recroquevillais sous ma couette dès que j'entendis les pas venant du couloir, faisant semblant de dormir. J'en ai voulu à mes larmes que je n'arrivais pas à contenir. J'ai voulu montrer que tout cela ne me faisait pas aussi mal qu'il le pensait. Ce fut terriblement difficile pour moi, en le voyant arriver avec sa maîtresse. Mes yeux étaient inondés de larmes. Je ne savais plus où j'en étais.

Je me rendis bien vite compte qu'il fallait désormais changer de procédé, me méfier de tous ces gens et en particulier de lui, Mike.

Difficile de ne pas réagir, face à la trahison de cet homme et aux mensonges. Il m'avait convaincue que j'allais venir vivre le bonheur deux semaines durant lesquelles nous allions en profiter avec nos enfants. Ensuite nous repartirions ensemble chez nous, juste après les vacances de Noël. Finalement, il m'a mise plus bas que terre.

Ne rien laisser paraître, dissimuler ma colère pour montrer que je suis forte. Mais pourtant, c'est le contraire qui se produit.

Ce fut le début d'un martyre pour les enfants et moi. Je me sentais démunie, incapable de réagir. Du fait que financièrement, je ne m'étais pas bien préparée, il devint mon maître et mon « dieu » à ce moment là. À part lui, personne d'autre, personne vers qui je peux me tourner. Profitant de ma situation, il s'autorise à faire tout ce que bon lui semble. Je suis à sa merci désormais. Un véritable enchaînement d'humiliations psychologiques, de viols, de traitements dégradants et d'actes de violence perpétuelle.

Étant donné que, comme on me l'a laissé entendre, je vis illégalement en Belgique, je ne peux bénéficier d'aucune protection. Je vis dans l'angoisse et la peur. La peur d'être arrêtée un jour par la police. Qu'on m'expulse seule sans mes enfants et peut-être qu'on me mette d'abord en prison avant d'être renvoyée chez moi. Que deviendrais-je sans mes filles ?

Le billet d'avion a expiré, le visa français aussi, et je suis sans argent pour me permettre d'organiser une fuite avec mes filles, d'aller même dans un autre pays pour m'éloigner de ces truands.

Après que Piero m'a révélé toutes ces manœuvres, je me rends compte que les enfants vivent légalement en Belgique mais dans une insécurité continue.

Heureusement, j'ai mon passeport gabonais que je garde jalousement. Je fais tout pour qu'« il » ne découvre pas ma cachette. Car, en dehors de ce document officiel, je n'ai pas d'autres pièces justificatives qui prouvent que je suis la maman de ces deux enfants. Parfois, je le mettais en dessous du matelas sur lequel nous dormions tous les quatre. Le lendemain matin, en son absence, je le transférais dans la salle de bains, dans un coin que l'on ne pouvait imaginer, ne pouvait soupçonner. J'avais eu la chance d'avoir un passeport sur lequel mes enfants étaient enregistrées ; leurs photos s'y trouvaient également. Rien qu'avec ça, je pourrais un jour être sauvée.

Pendant plus d'une année, je vécus enfermée dans l'appartement.

— Si tu oses sortir d'ici, seule dans la rue, la police t'arrêtera, me rappelle Mike. Et crois-moi, tu seras vite mise en prison, avant même d'être expulsée. De toutes les manières, tu sais très bien que tu vis illégalement dans ce pays.

Je ne sais où aller ni quelle solution trouver pour m'évader de cet enfer. Qu'est-ce que je pourrais tenter ? Vers qui pourrais-je courir ? Ainsi, pour mes enfants, j'endurais la situation de jour en jour. Tout le temps.

Piero vient de plus en plus rarement. Je me demande si on lui a interdit de venir nous rendre visite, bien que je ne veuille pas montrer que je suis au courant de leurs combines. Je continue d'obéir aux ordres de mon tortionnaire. Qui se croit tout permis, la terre entière lui appartient.

Par ailleurs, son ami Alan qui n'était autre que son beau-frère, se plaisait bien de me faire la morale, du genre : tu te prends pour qui, pour ne plus accepter d'aller jusqu'au bout d'un dossier que tu as commencé. Si le problème devient sérieux, je ne pense pas que tu resteras dehors. Nous irons en prison. À ce moment-là, tu perdras tes enfants pour de bon.

— Je me demande pourquoi Mike ne prend pas la décision de t'éjecter. Hein, Mike !

Alan se retourne vers lui.

— Tu attends quoi au lieu de te faire emmerder.

— Les femmes ne jouent pas avec moi ! répondit Mike. Les choses de ce genre, je ne réfléchis pas deux fois, tout de suite je sanctionne et la sentence est irrévocable.

Son ami Alan me lance un regard à la dérobée, histoire de me faire savoir que je ne suis qu'une faiseuse d'ennuis, celle qui veut transformer leur bonheur en souffrance.

— Pourquoi ne veux-tu pas rentrer tranquillement sans provoquer la guerre ? souligne Alan avec condescendance. Je t'avertis avant l'arrivée de l'ouragan, pour que tu ne me dises pas un jour que tu ne savais pas. Sinon, ce sera trop tard. Nous serons tous emportés par le tourbillon... Ainsi que toi, qu'est-ce que tu crois ! Personne n'est épargné dans cette affaire...

Mike ne bronche pas. Il est de toute façon content de voir son beau frère me parler sur ce ton.

— Tu n'es qu'un sale menteur, Mike ! dis-je. Et vous tous aussi d'ailleurs. Vous m'avez tendu un piège, n'est-ce pas ? Vous vous êtes dit, la personne que vous pouviez utiliser pour ce genre de chose, c'est bien Célestine. Vous croyez être au-dessus de tout ! Vous n'êtes que des parasites, des lâches, des chenapans. Je ne ressens plus que de la haine envers tous ces gens, de la pitié aussi envers moi-même. Vous êtes tous des aliénés et je vous dis merde, je vous déteste tous ! J'ai compris que tous, vous formez un groupe de malfaiteurs et tous, vous êtes des menteurs, des larrons.

Cette fois-ci, je n'ai plus peur de rien et je perds le contrôle, je ne sais plus où j'en suis moralement. Physiquement, je suis très affaiblie, car je mange peu et dors à peine. Je suis épuisée, effondrée, perdue. Je ne parviens pas à trouver les vrais mots pour les faire raisonner, pour leur faire mal, les blesser au plus profond d'eux-mêmes. Dorénavant, je sais qu'aucune de mes paroles ne peut les toucher, ni les choquer. Ils restent imperturbables. Trop sûrs d'eux.

— De toute façon, tu dois faire ce que je te dis ! m'ordonne Mike. Tu repars seule à Libreville sans les enfants.

Je suis seule contre tous. Abasourdie, hébétée, rabaissée, je me recroqueville sur moi-même, nettoyant mon visage rempli de larmes. Sans cesse, mon nez dégouline tellement que je pleure du matin au soir.

Je sens que la dépression me guette, d'un jour à l'autre je vais tomber gravement malade et je ne pense pas que j'aurai des soins appropriés. Personne n'est pour moi ici. Tous sont contre moi parce que je veux les défier. Ainsi, la seconde résidence d'Alan était chez Mike. Ses allées et venues me rendaient malade. Je le détestais avec ses airs d'enfant gâté. Personne ne pouvait l'empêcher de venir rendre visite à son beau-frère. Alan avait toujours quelque chose à me reprocher, sur ceci ou sur cela. Sans que Mike intervienne. Bien au contraire, cela lui faisait plaisir de voir quelqu'un me blâmer, comme une gosse. Il me haïssait autant que je le détestais à en mourir. Rien que le fait d'apercevoir sa face me donnait des répulsions et des nausées. J'étais écœurée. Il savait aussi que je ne l'aimais pas. C'est pour ça d'ailleurs qu'il se permettait tout le temps de venir pour me mettre encore plus mal à l'aise.

Puis survint un beau jour d'été. Je suis seule avec mes enfants. Mike n'a plus rien à craindre. Il commence à s'en lasser, trop préoccupé aussi par Laurencienne qui lui rappelle qu'il ne doit surtout pas enfreindre ses engagements.

Alors que j'observais par la fenêtre les gens passer sur la grande rue, de loin, un homme tirait un sac à roulette par terre, ce qui retint toute mon attention. Ce sac paraissait lourd. La personne avançait lentement. Dès qu'il arriva à ma hauteur, je m'aperçus que c'était son ami Piero et je ne pouvais m'empêcher de crier son nom pour lui dire que j'avais vraiment besoin de son aide. *Il faut que je fasse confiance à quelqu'un !* me dis-je. *Lui au moins est congolais, je ne pense pas qu'il connaît beaucoup de Gabonais chez qui il irait vendre mon plan d'évasion.*

— Je suis si heureuse de te voir, Piero ! Monte vite ! lui dis-je, soulagée.

— Moi aussi, je cherchais un moyen... Comment faire pour te rencontrer !

— J'ai vraiment besoin de ton aide ! S'il te plaît c'est sérieux. Si t'as un numéro de téléphone, passe-le moi.

Il gribouille rapidement sur une feuille son numéro de téléphone, puis me la glisse dans la main.

— Appelle-moi dès que tu en auras la possibilité, je suis chez moi à la maison, seul.

— Comment ça, seul ? Tu m'avais laissé entendre que la maîtresse de Mike vit chez toi, non ?

— J'ai eu des problèmes avec ton mari et sa maîtresse. Maintenant ils ne peuvent plus mettre les pieds chez moi. Nous nous sommes disputés à cause de tout le mal qu'ils te font. Je leur ai fait comprendre que ce jeu ne me plaisait pas du tout. En tenant compte de mon enfance malheureuse, je ne peux pas accepter de comploter avec eux. Jamais je n'accepterai que quelqu'un fasse du mal à ma sœur si j'en avais une. Tout petit, je voyais comment mon père et sa famille faisaient souffrir ma mère. Longtemps j'ai souffert de ça... C'est pour te dire à quel point ta souffrance me touche.

— Et pour quelle raison vous vous êtes disputés exactement ?

— Appelle-moi et je te l'expliquerai en détail ! N'oublie pas ! J'habite dans la même rue que vous, au numéro 276. Trouve un moyen pour me passer un coup de fil, ou viens chez moi. Je suis prêt à t'aider avec les enfants.

Que sait-il d'autre exactement à propos de Mike et de sa bande de putains ? Apparemment son ami doit connaître beaucoup sur lui. Et je suis assez curieuse de savoir ce qu'il se passe.

Piero redescendit vite et disparut comme il était apparu. J'ai trop de questions dans ma tête qui me tourmentent auxquelles je n'ai pas de réponse. Et mon confident pourrait peut-être m'en apporter une !

Le lendemain je me levais comme d'habitude, sans rien dire ni laisser voir que j'allais sortir avec mes enfants. Je sais que le moment est peut-être venu de trouver une solution, de sortir de ce rêve abominable. Je suis à bout de force. Mes filles sont encore petites, mais elles comprennent certainement que leur maman ne va pas bien. La plus jeune mange difficilement, elle devient de plus en plus grognon, collante, elle ne veut plus se séparer de moi. Le moindre déplacement dans l'appartement, elle pleure après moi. Une façon de me protéger contre ceux qui veulent me faire disparaître.

J'attends avec impatience que Mike parte retrouver sa dulcinée. Ce qui me permettrait de laver et d'habiller mes deux filles hâtivement pour aller téléphoner en face du bâtiment. Mais pendant toute la journée, Mike ne sort pas. Il est un peu pensif, au passage fait semblant de me sourire. Il est trop tard, mon cher ami, je sais que tu changes d'humeur tout le temps, avec de sales surprises tous les jours. Depuis mon arrivée en Belgique, je découvre petit à petit tes impénétrables secrets.

Tard dans la nuit, le téléphone sonne. Mike décroche et marmonne quelques paroles, la discussion tourne au vinaigre. La personne et lui ne semblent pas être sur la même longueur d'ondes. Mais, au bout d'un moment, Mike s'énerve. Il demande à la personne d'attendre le lendemain pour régler leur litige. Malgré tout, la voix de cet homme me paraît familière.

Le lendemain matin, il se lève tôt pour aller à son rendez-vous, sans dire au revoir. Après tout, depuis longtemps je ne compte plus dans sa vie et même s'il nous disait au revoir, en quoi ça nous avancerait.

C'est à moi maintenant de saisir ma chance. Je dois absolument téléphoner à Piero pour savoir s'il peut me recevoir aujourd'hui. Je cavale au bas de l'immeuble, puis traverse la rue à toute vitesse. Dieu merci, il n'y a personne dans la cabine téléphonique. Je saisis le combiné et compose le numéro de Piero pour lui dire que je viendrais dans la journée chez lui. Si on me laisse sortir.

— Trouve une excuse pour venir, je t'attendrai toute la journée s'il le faut ! me répond-il.

— Merci !

Ces quelques détails me prouvent déjà que si besoin est, je dois vite trouver une solution avant que le ciel ne me tombe sur la tête.

Je repars précipitamment retrouver mes filles dans l'appartement, avant que leur père n'arrive pour qu'il ne s'en aperçoive pas. Quelques minutes après, il est de retour. Je me demande s'il m'a vu téléphoner. Il est en colère. Contre qui ? Je ne sais pas. Ses yeux deviennent de plus en plus rouges, avec des veines qui apparaissent sur le front de son visage. Du moment qu'il ne me pose aucune question, je garde mon calme. Je fais comme si je n'avais rien remarqué.

Je m'apprêtais à laver les filles dans la salle de bains quand, soudain, il vient vers moi me demander avec qui j'étais au téléphone ? Je lui réponds que j'ai essayé de joindre ma famille pour leur dire que nous nous portons bien. Il ne me croit pas.

— C'est faux... ! Menteuse ! Tu n'es qu'une menteuse, tu essaies de prendre contact avec les gens par-ci et par-là, pour fuir avec mes enfants. Si tu oses sortir d'ici avec mes filles, je te tue. Je te tuerai, tu m'entends !... Malheur à toi, Célestine, et à tous ceux qui veulent te venir en aide.

— J'en ai assez, Mike ! Assez de toi et de ta bande de vauriens, de conspirateurs ! Sachez que je suis la mère de ces enfants et vous n'y pouvez rien !...Vous n'avez pas le droit de me les arracher. Maintenant, écoute-moi bien, Mike ! Je te prie de nous acheter les billets d'avion pour que mes enfants et moi puissions rentrer au Gabon, je n'en peux plus. Car soyez sûrs que je ne donnerai jamais mes enfants à quelqu'un d'autre tant que je vivrai. Vous pouvez faire ce que bon vous semble, mais ne rêvez pas que je céderai à votre chantage, vous n'y arriverez pas. Appelez la police si vous le souhaitez ! Dites-leur que je vis illégalement en Belgique. Je n'abandonnerai jamais mes filles entre vos mains. Vous êtes des truands !

Il me surprend par un coup de pied qu'il applique résolument au bas des côtes, du côté droit. Je tente de m'échapper dans la salle de bains et j'essaye de refermer la porte derrière moi, mais il est plus fort et réussit à me rattraper. Mes filles crient tellement fort que les voisins sont obligés de frapper à la porte. Pourtant Mike n'arrête pas malgré les pleurs des enfants. Je sens que je vais mourir à cause de la violence de ses coups, parce qu'il est vraiment déterminé à m'achever. Puis, il me prend par le cou, me projette vers l'arrière dans la baignoire qui est remplie d'eau. Tentant de m'étrangler sous les yeux hébétés de mes petites filles qui n'arrêtent pas de hurler. Un coup après l'autre, sans stopper, il me cogne la tête violemment contre la baignoire. Je commence à suffoquer et mon visage est tuméfié et couvert de sang.

Je ne me souviens plus exactement de ce qui s'est passé après. Simplement j'entendais des sons qui me revenaient de loin, les cris des enfants certainement. Je ne savais plus où j'étais. J'étais à demi inconsciente pendant que Mike me rouait continuellement de coups. Ma fille Micé, ayant constaté que j'étais en danger de mort, appela la police sans que le papa s'en aperçoive.

Elle n'avait que quatre ans à l'époque. Heureusement, je lui avais appris comment se servir d'un téléphone, comment composer le numéro de la police en cas d'urgence, sans savoir que cela pourrait m'être utile un jour. Mike me réanima lui-même avant l'arrivée de la police, il me mit dans le lit, faisant semblant de sourire comme si rien de grave ne s'était passé. Aux policiers, il expliqua que c'est sa fille qui les avait appelés, rien de grave, une simple dispute entre ma femme et moi, dit-il, un point c'est tout.

Je suis en état de choc, une véritable torture. Incapable de réagir ou de dire quelque chose. Soudain, ma fille bondit en disant :

— C'est mon papa qui a frappé maman ! Papa a mis maman dans la baignoire ! Et... il l'a frappée fort, comme ça et puis comme ça encore. Il est méchant !... Méchant mon papa. Je te déteste ! dit-elle à son papa en criant.

Pendant qu'elle parle, un policier prend note, un autre s'approche du lit pour voir si j'allais bien. Ils ont compris que quelque chose ne va pas. L'expression de mon visage le prouve, je viens d'être rossée. J'ai l'œil au beurre noir, presque tout le visage est tuméfié.

— Qui vous a fait ça ? me demandent-ils.

J'hésite d'abord, parce que Mike a ses yeux rivés sur moi, je suis intimidée par son regard. À présent, je ne peux dire plus car j'ai peur de recevoir encore des coups après leur départ. Maintenant, j'ai un seul droit, celui de me taire.

— Ce n'est pas grave !... dis-je, sans pouvoir tourner ma tête vers eux. Ce n'est pas grave !

Je n'arrive pas à bien articuler ma phrase, mes deux lèvres sont enflées et j'ai la tête lourde. J'ai envie de leur dire qu'ils peuvent repartir, seulement je n'ai pas le droit. Je m'efforce de montrer que tout va bien, pour qu'ils ne me forcent pas à aller à l'hôpital.

— Voulez-vous déposer plainte contre votre mari, Madame ?

— Non !... Non, Messieurs, je ne peux pas faire ça. Il est le père de mes enfants, je pense que ça devrait aller.

— Nous allons vous conduire à l'hôpital, Madame ! insistent-ils malgré tout.

— Ça... Ça va aller, Messieurs ! Je n'ai vraiment pas mal.

Tous m'observent un moment puis me demandent de me lever. Mais je suis incapable de bouger. Soudain, ils trouvent que c'est vraiment sérieux et décident d'appeler une ambulance.

Je sais que si je dépose plainte contre Mike, il va falloir que je leur montre ma carte d'identité. Si je vais à l'hôpital avec eux, incontestablement il faudra aussi que j'aie une pièce d'identité avec mon adresse, avant d'être examinée. Je vis illégalement dans ce pays depuis plus d'une année. Je savais qu'en expliquant à la police toutes ses manigances, je donnerais sans le vouloir davantage la chance à Mike de m'éloigner de mes filles.

Je suis seule... seule contre tout un groupe de malfaiteurs, de bandits qui sont prêts à tout...

Pendant des années, je croyais avoir trouvé l'homme idéal ! Celui qui était censé me protéger. Cet amour dont j'étais si fière, malgré les réticences, malgré les signes d'alerte que j'eus au début de notre histoire. Cela ne m'a pas empêchée d'avancer. J'ai avancé sottement, sans aucune résistance, comme un mouton qui va à l'abattoir, sachant qu'il va être lynché d'une minute à l'autre.

Je suis entre deux feux. Lequel choisir ? Celui de l'amour et de la torture ? Ou bien celui de la liberté pour se protéger ? J'ai inconsciemment choisi la première solution qui m'a conduite dans ce tourbillon vertigineux face à l'impasse.

Alors, la question que je redoutais dans ma tête depuis long-temps arriva. Subitement, je deviens sourde et muette.

— Voulez-vous Madame nous présenter vos pièces d'identité, s'il vous plait !

À ce moment là, tout devient sérieux...

— Je... Je ne sais plus où j'ai égaré mes papiers car je les avais il y a trois jours. Seulement hier, lorsque je suis allée au supermar-ché, j'ai finalement constaté à mon retour que je n'avais plus mon petit sac à main dans lequel je mettais tous mes papiers d'identité, et même ceux de mes enfants aussi s'y trouvaient. J'attends une semaine tout au plus avant d'aller faire la déclaration de perte de documents. Au cas où je ne retrouverais toujours pas ma pièce d'identité, je serais obligée de refaire une nouvelle demande à la commune.

— J'irai avec elle, dit Mike avec malice, pour qu'on lui refasse une autre carte d'identité.

Il pense jusque là qu'il est plus intelligent que tout le monde. Il peut me tromper, moi. Mais pas les forces de l'ordre. Pour la vie de mes filles, je préfère m'abstenir. Ne rien dire jusqu'à ce que je trouve un moyen pour m'en sortir.

Je sens que la dépression me guette ; si je cède à cette pres-sion, je perdrai mes filles.

Depuis mon arrivée, Mike me bat, il me bat sans arrêt. Il me fait subir toutes sortes de violences, aussi physiques que psycholo-giques ; il me viole en présence de mes filles, une façon de me rabaisser, pour leur faire comprendre que je ne vaux rien ; il me dévalorise en présence de ses amis, me brutalise devant tout le monde, sans que quiconque réagisse. Ce qui amusait d'ailleurs son ami et beau-frère Alan.

Mike n'avait pas de retenue lorsqu'il m'injuriait. Des injures qui faisaient mal et qui me transperçaient le cœur, déchiraient mon âme et allaient se loger dans un coin de mon être. Une fois que toutes ces flèches m'atteignaient de partout, je voyais tout basculer autour de moi. Tout l'univers s'écroulait. Car il savait où me toucher, où aller chercher la douleur pour me faire mal. Je devenais une chose, une loque... Oui, une simple chose au bon service de Mike, qu'il pouvait jeter lorsqu'il n'en avait plus besoin et qu'il récupérait pour s'en servir lorsque le besoin l'exigeait.

Ou je repars au Gabon sans mes filles, ou je reste pour continuer à vivre dans la terreur. Un vrai cauchemar. Évidemment que c'est dur pour une mère d'envisager d'abandonner ses enfants. C'est comme si j'abandonnais une partie de moi-même aux mains de détraqués. Je ne voulais pas me séparer de mes filles et, pour des raisons qui pourraient sembler improbables, je continuais d'être convaincue que j'aimais toujours mon mari, le père de mes enfants, et j'espérais encore rafistoler notre couple. Mais en fin de compte, j'ai adhéré au profil de la femme battue.

À l'hôpital, je suis accompagnée par la police.

À ce moment-là, je ne pouvais imaginer qu'une chose : « la fuite ». Fuir avec mes enfants était la seule alternative. Le danger était imminent. Je compris que la seule personne qui puisse m'aider à quitter cet endroit, à en finir avec la torture, c'était bien moi-même. Quelque part au fond de moi, je réalise quand même la gravité de ce que je suis en train de faire. Enlever les enfants à un père, les enfants qui sont devenues sa marchandise. Grâce à elles, il peut toucher les allocations familiales. La présence de mes enfants est venue camoufler toutes ses activités douteuses, le mettre hors de tout soupçon. Il a une vie tranquille, avec de l'argent dont il bénéficie illégalement dans ce pays. En filant avec mes enfants, je savais qu'il y aurait un prix à payer.

V

LE JOUR APRÈS qu'il m'a assommée, Mike appelle l'ambassade du Gabon à Bruxelles et demande qu'on lui passe le lieutenant-colonel.

— Je voudrais savoir, mon Colonel, s'il n'y a pas un avion militaire qui partira au Gabon dans les semaines qui viennent. Je dois faire repartir cette femme. Qu'elle soit d'accord ou pas, elle doit partir. Je vais la faire expulser de force, et elle partira sans les enfants, ni bagages non plus.

— Je te donne mon accord, Mike ! répond le colonel.

Ce représentant officiel de mon pays est du même avis que Mike ! Il l'encourage même à aller jusqu'au bout de cette décision sans chercher à comprendre ce qui se passe précisément dans notre couple.

— J'en ai marre de voir toutes ces femmes africaines tenir tête à leur mari ! s'exclame-t-il. Et en particulier les Gabonaises. Ça vous apprendra à faire venir les femmes noires ici en Europe. Tu dois la faire repartir au Gabon seule et tu gardes tes enfants. Au moins ça donnera une bonne leçon aux autres qui vivent ici.

En tant qu'autorité gabonaise vivant en Europe, il n'avait pas le droit de tenir ce genre de discours, d'inciter Mike de cette façon, de l'encourager encore à me faire du mal plus qu'il m'en avait déjà fait.

Je me taisais, et je priais mon Dieu pour qu'Il fasse justice. Car personne ne peut Le tromper. Il voit tout, entend tout. Seul Lui connaît la vérité de ce qui se passe, du début à la fin.

Abasourdie par la fatigue, par tout ce que j'entendais, je n'avais plus la force de réagir. Je subissais tous les jours. J'aurais tant voulu partir loin, fuir, sans prendre mes enfants. Seulement, j'aimais trop mes gosses. Comment est-ce que j'aurais pu leur faire ça ? J'avais mal de les laisser et peur qu'on leur fasse du mal. Chaque jour, je vivais ce cauchemar. Entre Mike et moi, il n'y avait plus rien. Seule une tension vive subsistait dans la maison.

Les deux hommes prirent rendez-vous le lendemain pour convenir de la date à laquelle ils allaient me renvoyer de force dans mon pays. Vers midi, Mike décide d'aller rencontrer le lieutenant-colonel à l'ambassade.

— Tu devras déjà faire ta valise parce que tu pars au Gabon demain ou après demain, m'ordonne t-il.

Je lui réponds à peine « oui » de la tête. Sans faire de commentaire. Je souhaite qu'il parte à l'ambassade du Gabon. Ça pourrait me permettre de prendre les choses de mes enfants, de cavaler à toute vitesse avec elles. Sans savoir où nous allons. Sans travail, sans argent. Sans papiers, sans rien. Au moins avec mes enfants.

Nous habitions Leuven, en province flamande. Il faut au minimum vingt à vingt-cinq minutes pour se rendre à Bruxelles. Ensuite, il devra prendre le tram à la gare de Bruxelles Nord pour aller à l'ambassade du Gabon. Il faut compter une heure, ou même deux heures, avant qu'il ne revienne. Je pense que j'ai suffisamment de temps pour m'en aller d'ici avant qu'il ne soit de retour.

Aussitôt qu'il claque la porte, je me lève délicatement en faisant des efforts. Malgré les douleurs atroces que me cause chaque mouvement, je parviens à me lever pour observer à l'extérieur de la maison, pour être sûre qu'il est réellement parti. J'ai les mains qui tremblent quand je compose le numéro de téléphone de Piero tout en regardant par la grande fenêtre afin de ne pas être surprise par ce malin de Mike. Maintenant, j'en ai la certitude, je le vois en train de discuter avec un de ses amis dehors. Je peux parler rapidement sans m'inquiéter avec Piero, qui devient pour moi comme un sauveur.

En décrochant le téléphone, je ne peux me retenir, je fonds en larmes. Et je commence à lui raconter mon supplice. Ma gorge est nouée. Je tremble, de peur que Mike ne me trouve en train de parler au téléphone.

— Veux-tu que je t'aide vraiment, Célestine ? me demande-t-il.

Je peux te donner une adresse où tu peux te rendre pour être en sécurité avec tes enfants, sans qu'il vous retrouve. En principe, ils sont censés aider une femme avec les enfants qui courent un danger. Explique-leur tout ce qui se passe. N'aie pas peur !

— Je veux sortir de cet enfer, Piero ! Sinon il va me tuer. Il est devenu agressif, au point même d'oublier que je suis la mère de ses enfants. Le problème a pris une autre proportion. Ça devient plus sérieux que je ne l'imaginais, en plus j'ai retrouvé tous les papiers dont tu m'as parlé. J'ai aussi découvert d'autres choses que tu ne connaissais peut-être pas forcément. C'est écœurant, Piero. Vraiment inimaginable.

— Prends tous les documents que tu as. N'oublie pas non plus ton passeport gabonais, ça pourra t'aider, et viens me rejoindre sans tarder avec les enfants. J'appelle un taxi pour toi. Demande qu'il te dépose dans la même rue, au numéro 276. Ensuite, je t'accompagnerai chez l'assistante sociale de Mike, elle va te recevoir tout de suite lorsqu'elle te verra dans cet état.

Je dévalai les marches d'escalier deux par deux. Le taxi était là, au bas de l'immeuble. Je me glissai à l'intérieur avec mes enfants. Après plusieurs semaines, plusieurs mois d'angoisse, j'allais pouvoir enfin goûter à la liberté, respirer l'air libre, dormir sans avoir peur, peur d'être étranglée dans mon sommeil, d'être lacérée par un individu sans scrupules ni morale.

À notre arrivée, Piero était là dehors, il nous attendait.

— Ne descendez pas ! nous dit-il.

Tout de suite il ouvre la portière avant du taxi puis s'y lance pour ne pas se faire repérer, car l'adresse où nous habitons est à quelques mètres de là, au numéro 217.

— Depuis le balcon, Mike pourrait nous apercevoir, explique-t-il.

Nous sommes le 3 avril 1995, soit une année et quatre mois après mon arrivée. Pendant toute cette période, je n'ai plus été que l'ombre de moi-même, épuisée, affaiblie. Jour après jour, j'ai subi la violence physique et psychologique. Humiliations et tortures. Financièrement aussi, je suis très démunie.

En route, j'ai une question qui me trotte dans la tête. Je n'ai pas de document officiel qui me permet de vivre dans ce pays.

— Que dois-je faire, Piero ? Au cas où l'assistante sociale me demanderait de lui présenter ma carte d'identité ?

— Heu... je te conseille d'abord de garder tous tes papiers. Tu ne les sortiras que si on te les demande.

Il est quinze heures quand le taxi se gare devant le service social de la rue Vesalussesstraat. Piero me demande de garder mon sang-froid.

— Ne panique surtout pas ! Pense à ce qu'il te fait subir et tu trouveras le courage. Fais comme si c'est toi la vraie femme de Mike !... Enfin comme si c'est toi, Laurencienne...

— Je suis Célestine ! C'est moi la vraie femme de Mike, je suis la mère de ses enfants. La carte d'identité que j'ai est établie à mon nom !

— C'est exact. Mais ce n'est pas ta photo qui est dessus ! C'est celle de Laurencienne qui y figure ! Souviens-toi.

—Tu as raison !

Dans le couloir, plusieurs personnes font le va-et-vient. Mon cœur bat de plus en plus fort, Je tremble. Chaque fois que la grande porte s'ouvre, je me dis qu'il est là, il va sauter sur moi s'il me trouve ici. Il serait même capable de dire à cette assistante sociale que ce dossier n'est pas à moi. Sur-le-champ on appellera la police pour m'arrêter. Et ensuite... je ne sais quoi d'autre. Mes jambes ne tiennent plus, j'ai envie de disparaître tout de suite.

Soudain la porte à ma droite s'ouvre.

— C'est elle, me dit Piero. L'assistante sociale de Mike. Nous avons tous la même. Elle s'occupe aussi de mon dossier ! Elle s'appelle Riza.

J'en conclus que lui aussi est demandeur d'asile. Mais ça n'est pas mon problème. Ce qui compte pour moi, c'est de trouver comment faire pour me sortir de cette situation.

— Entrez ! nous dit la dame avec un sourire.

Je ne sais vraiment pas par où commencer. Les battements de mon cœur résonnent dans ma cage thoracique, plein de questions tournent dans ma tête. Et si l'assistante sociale me demandait de lui présenter ma carte d'identité ? Que répondrais-je ?

— Je vous présente la femme de Mike et ses enfants ! dit Piero. Je l'ai accompagnée ici parce qu'elle a des problèmes avec son mari. Donc... je vais vous laisser discuter du problème. J'attends dehors.

L'assistante sociale m'observe un moment puis me demande, l'air étonné :

— Êtes-vous déjà venue dans mon bureau ici ? Parce que je ne vous ai jamais vue. C'est la première fois que je vous vois. C'est vous, Célestine Mavoungou ? Que puis-je faire pour vous ?

Je lui réponds :

— Pourrai-je ôter mon chandail pour vous montrer ce que mon mari m'a fait ? Regardez mon visage, mon cou et... tout mon corps quoi. Il a failli me tuer en présence de mes enfants, hier dans la journée.

Ma fille Doriane ajoute :

— Tous les jours il frappe maman et... moi aussi il me frappe. Il frappe aussi ma sœur.

Avec sa petite voix d'enfant innocente, elle commence à tout déballer. Et je ne sais pas la retenir.

★
★ ★

Piero était devenu mon ami, mon confident, le seul à qui je puisse faire confiance dans la situation. Et même si j'en avais d'autres, des amis, je n'irais pas les embêter avec mes soucis. Chaque être humain a ses problèmes, certainement. J'ai toujours fait semblant de montrer que tout allait bien, même en face de ma propre famille. De peur que l'on se lasse de moi, que l'on me juge sans comprendre ma version des faits.

Il est plus facile de dire « tout va bien » aux autres, même à soi-même, que de reconnaître que quelque chose ne va pas. Au risque de troubler l'équilibre familial ou social. C'était ma façon à

moi de me protéger et de protéger les miens. Mes enfants en particulier.

★

★ ★

— C'est Mike qui vous a fait ça ? Ça n'a pas l'air d'être son
genre pourtant...

Je fis à l'assistante sociale la narration détaillée de ma vie
avec Mike, de son agressivité envers moi et envers les enfants. Sans
lui parler des problèmes de papiers. Je ne sais pas quelle sera sa
réaction. Alors autant garder le reste pour moi.

— Voulez-vous allez au Vluchthus, la maison de femmes
battues ? me demande-t-elle. Soyez sûre et certaine qu'il ne vous
retrouvera pas. Là bas, vous serez en sécurité avec vos enfants.

— Je ne sais pas où j'en suis... je ... je veux réfléchir ! Un
moment s'il vous plaît.

Je sais que... si je repartais maintenant à la maison, Mike me
tuerait sans pitié. Il est certainement de retour. Et il a constaté que
j'ai décampé avec ses enfants. Présentement, je n'ai plus le choix.

— Euh... oui ! Oui, Madame, je veux y allez... Au refuge
avec mes enfants.

— Attendez que je donne un coup de fil pour vous. La personne va ensuite vous parler pour savoir quelles sont vos motiva-
tions. Elle va vous poser tout un tas de questions.

J'étais persuadée que je venais de faire quelque chose qui me
causerait énormément d'ennuis.

Après que Riza eut terminé la conversation téléphonique
avec « la personne », elle me demanda de lui expliquer moi-même
le problème, bien qu'elle lui ait déjà dit pourquoi j'étais là.

— Allô !

À l'autre bout du fil, une voix de femme.

— S'il vous plait, je m'exprime en français ! dis-je.

Parce que j'avais entendu la dame discuter en néerlandais
avec l'assistante sociale qui, elle aussi, parle néerlandais.

Je ne parviens plus à articuler mes mots, ni à élever le ton de ma voix à un niveau naturel. Je lutte contre les larmes et la rage. J'ai la gorge nouée et ne peux m'empêcher de pleurer.

— Arrêtez de pleurer et parlez plus fort, parce que j'ai du mal à vous entendre ! Dites moi ce que vous avez ! me demanda-t-elle.

Je retiens mon souffle avant de regrouper mes mots.

— Je suis une femme battue. Mes enfants et moi-même subissons le martyre depuis bien longtemps... Depuis notre arrivée en Belgique.

Elle me pose alors la question que je redoutais le plus.

— Quand êtes-vous arrivée en Belgique ?

— Je suis arrivée le... le 10 décembre 1993.

— Avez-vous votre carte d'identité Madame ?

— Non !... non, c'est lui qui l'a... Mon mari.

J'ai répondu instinctivement, pour qu'il n'y ait pas d'ambiguïté.

L'assistante sociale a le dossier sous ses yeux et ne me pose aucune question, mes jambes tremblotent, je suis envahie par la peur tout d'un coup.

— Je viens quand même vous chercher ! Demain, nous vous accompagnerons à la commune de Leuven pour vous faire établir une autre carte d'identité, ajouta-t-elle. Sinon ça va être difficile pour vous et pour vos enfants. Vous auriez beaucoup de démarches administratives à effectuer. Tout cela, nous en parlerons dès que vous serez ici chez nous. À tout à l'heure !

Je tourne en rond. J'ai le cœur qui bat à tout rompre. Lorsque nous sortons du bureau de Riza, Piero nous attend dehors. Je lui apprends qu'on vient nous prendre dans quelques minutes.

— Ça va être dur ! lui glissai-je. La tâche ne va pas être facile, on me demande mes pièces d'identité, tu imagines ! Je ne sais quoi faire, Piero.

— Ce n'est pas le moment de paniquer ! Garde ton sang-froid !... Ils savent quoi faire pour que les enfants et toi ne souffriez pas davantage.

— L'assistante sociale m'a dit que nous allons prendre un taxi pour nous rendre à une autre adresse. C'est là que la dame à qui j'ai parlé au téléphone nous attend. Elle nous conduira à la maison des femmes battues après.

J'ai vraiment peur. Peur qu'on remarque que ce n'est pas moi qui suis sur la photo. Après tout, c'est la photo de Laurencienne qui apparaît dans le dossier, elle est là, sous les yeux de l'assistante sociale. Je remets mon sort entre les mains de Dieu. Je me lève et dis au revoir à mon ami Piero.

— Je te téléphonerai demain !

Nous montons en catimini dans le taxi, mes enfants et moi. On lui a déjà donné les instructions à suivre. C'est le milieu de l'après-midi. Coïncidence, nous passons par la rue Tiensestraat, non loin du bâtiment où Mike habite. Il est peut-être rentré, certainement il a déjà téléphoné à la police, pour signaler l'absence de ses enfants. Pas la mienne.

— Bonjour, Madame. C'est vous, Célestine ? Nous avons parlé tout à l'heure au téléphone, vous souvenez vous ?

— Oui !... je sais !

— Entrez, je vous en prie ! Car il fait froid dehors. Je m'appelle Christine, je suis ici pour vous. Pourriez-vous m'expliquer en bref les problèmes que vous avez avec votre mari ?

Des marches d'escalier en bois, nous montons au premier étage. À l'intérieur, très calme. Pas le moindre son, pas un bruit pouvant attirer mon attention. Quelques jouets pour enfants bien rangés dans des boîtes. Une petite table avec quatre chaises autour. Un coin solitaire... La dame donne une caisse remplie de jouets aux enfants, histoire de les distraire. Nous pouvons enfin parler sans être dérangées. Je lui récapitule les faits, ce que Mike nous fait subir au quotidien, aux enfants et à moi. Elle me dit :

— Écoutez-moi. Vous n'avez plus de raison d'avoir peur. Vous êtes en sécurité !

Maintenant, nous devons nous en aller avant que la nuit tombe. Je prends mes filles et nous nous mettons en route. À peine dix minutes plus tard, nous arrivons au refuge. À l'entrée, deux portes sont séparées par un mur en contreplaqué. Christine nous dirige vers le couloir qui mène à gauche. Je suis intriguée de voir autant de femmes, d'enfants et de bébés. Elle nous fait des présentations. Beaucoup de ces femmes ont le visage tendu, plusieurs ont la figure tuméfiée.

— Suivez-moi ! Je vais vous montrer votre chambre. Nous devons monter jusqu'au deuxième étage, c'est là-haut que vous dormirez.

J'ai désespérément besoin de m'allonger. Il m'est impossible de décrire la douleur que je ressens dans mon corps. Je lutte pour garder mes paupières ouvertes. Je suis assaillie par la fatigue que j'aie accumulée pendant des jours, des semaines et des mois durant. Épuisée. Je suis épuisée. Les enfants et moi sommes épuisées. Elles aussi n'ont plus qu'une seule envie, dormir. Elles ne songent même pas à grignoter quelque chose.

Nous restons là toute la nuit et ne redescendons que le lendemain matin pour prendre un bol de lait chaud.

Cette chambre, aussi petite qu'elle soit, nous paraît aussi grande que l'air que nous respirons. C'est le début de tout, peut-être de la liberté. C'est la première fois que nous allons pouvoir dormir sans avoir peur. Du moins à ce moment précis. Le reste appartient au futur. Ce qui compte c'est aujourd'hui, demain est un autre jour.

Toutes ces femmes que je vois autour de moi ont aussi eu des problèmes avec leur mari. Leur présence dans ce refuge me réconforte quelque part, c'est peut-être méchant de ma part de penser comme ça, de me réjouir des malheurs des autres, mais je sais désormais que je ne suis pas seule dans ce combat. Je sais qu'ici aussi, en Europe, les femmes sont battues comme chez nous en Afrique. En me réjouissant des cas des autres, je minimise mes problèmes à moi. Jamais auparavant, je n'avais pensé qu'une femme occidentale était battue. Pour moi, ces femmes vivent toujours dans la joie, le bonheur, le respect, la fidélité et l'amour. Et j'étais stupéfaite de voir dans ce refuge autant de femmes arabes qu'européennes.

Seulement, le vrai problème n'est pas là. Mon cas est un peu particulier. Ici, elles sont dans leur pays, chez elles en Belgique, elles au moins n'ont pas de problèmes de papiers. Ce qui n'est pas le cas pour moi. Je suis en situation irrégulière dans ce pays. Le gouvernement belge ne me connaît pas. Le document d'identité que j'ai pris chez Mike ne m'appartient pas. Heureusement que je ne l'ai pas encore présenté aux assistantes sociales. Le mieux, ce sera que je puisse le restituer à l'intéressée. Je n'ai pas l'intention non plus de montrer à qui que ce soit cette carte d'identité. Être en sa possession suffirait pour me faire expulser. Ce qui me causerait encore plus d'ennuis que je n'ai déjà.

La culpabilité n'est pas vivable, encore moins supportable. Au fil des jours, je perds l'appétit, ma bouche devient sèche. Entre les quatre murs de cette chambre, je tourne en rond. Dur de ne pas pouvoir partager un secret avec quelqu'un. Quelqu'un en qui j'aurais pu avoir une confiance absolue dans ces conditions. En dehors de mon ami Piero, qui ne peut malheureusement pas venir ici discuter avec moi. Cela me réconforterait, il m'apporterait sûrement des idées qui pourraient m'aider à me remonter le moral.

Depuis deux jours, je pleure sans arrêt. Je ne sais plus quoi faire. J'ai peur de voir Mike débarquer avec la police, s'il leur dit que j'ai fui avec les enfants et que j'ai aussi volé les documents d'identité de sa « femme ». C'est sûr et certain qu'ils ne tarderont pas à me retrouver. L'assistante sociale Riza leur dira que je suis au refuge et peut-être mon confident Piero ne pourra plus me protéger. Lui aussi ne voudrait certainement pas avoir affaire à la justice belge, vu sa situation actuelle. Personne ne voudra prendre ce genre de responsabilité car, qu'on le veuille ou non, tout le monde veut sauver sa peau dans cette histoire.

Il y a beaucoup de choses qui me passent par la tête. Je m'accuse tellement que pour finir j'accepte de subir ce calvaire en silence, tout en me disant que les autres ont raison d'avoir ce genre de réaction vis-à-vis de moi, parce que je le mérite. Je ne sais pas non plus expliquer aux autorités mon cauchemar, car à partir du moment où je me dis que tout ce qui est arrivé est de ma faute, c'est clair qu'il n'y a plus de raison de se plaindre.

D'abord, j'ai honte de moi. Ensuite, que diront toutes ces femmes à mon sujet ? Ne vont-elles pas me prendre pour une mythomane ? Toutes ces questions me hantent. Qui croirait vraiment que je suis victime de la machination d'une bande de truands bien organisée ? Mike et ses amis m'ont tellement fait de mal que je ne sais plus distinguer le bien du mal.

Mon cœur s'arrêta de battre lorsque j'eus la surprise de recevoir un courrier de Mike. Nous sommes le 7 avril 1995. Soit trois jours après que nous nous sommes évadées de notre prison, mes enfants et moi.

Je prends mon courage à deux mains et ouvre cette enveloppe kaki dans laquelle deux petites enveloppes sont glissées. J'hésite pendant de longues minutes avant de décider de les ouvrir l'une après l'autre. Je ne peux que lire ces lettres, elles me sont destinées. Je dois savoir ce qu'ils me veulent, ces démons. En pensant au calvaire que Mike nous fait subir, je ne peux m'empêcher de lui souhaiter tous les malheurs du monde...

Ce piège était une trahison incontestable de la part de Mike qui était en même temps un mari et un père de famille. Étant donné la suite des événements, je me demande encore aujourd'hui s'il mesurait la gravité des faits et, surtout, s'il avait la conscience tranquille.

La première lettre disait ceci :

Ma chère Célestine ! Je pense que tu as eu tort de partir comme ça, sans prévenir. Tu es en train de te compliquer la vie. Tu vas continuer à tourner en rond jusqu'à ce que tu te fatigues. Et quand tu en auras assez, reviendras-tu à la maison ou repartiras-tu droit au Gabon ? Sache-le bien, là bas où tu es allée, c'est bien pire encore. Tu es allée te jeter dans la gueule du loup. Ils comprendront tout de suite que tu vis illégalement en Belgique. « Célestine égale clandestine. » Tu es quand même culottée d'avoir fait ce que tu ne devrais pas faire.

J'étais inquiet pour mes enfants, mais maintenant que je sais qu'elles ne sont pas hors de la Belgique, je peux dormir tranquille. Néanmoins, je te demande de restituer tous les documents d'identité qui sont au

nom de Mavoungou Célestine car je veux que tu saches que je sais où tu
es avec mes enfants. Si je veux te causer des ennuis, il suffit que j'appelle
la police et tu seras arrêtée tout de suite. Ou je peux signaler aussi à
l'assistante sociale que ce n'est pas toi Célestine ma femme. J'ai vraiment
pitié. J'espère que tu comprendras ce que je veux dire par là.

Je veux que tu reviennes immédiatement à la maison avec mes
enfants. Nous pourrions ensemble parler pour trouver une solution équi-
table pour nous tous. Je te donne donc quarante-huit heures pour me
remettre tous les documents officiels que tu détiens. Sinon, tu auras une
mauvaise surprise, ma chérie !

Du coup, je suis envahie par des frissons, par la peur, mes
mains transpirent. J'ignore à présent ce que Mike manigance.
Peut-être appellera-t-il la police ou peut-être qu'il ne le fera pas.
Il y a trop de confusion dans ses paroles. Difficile de le situer. Je
suis paralysée par l'appréhension de ses propos malveillants, paralysée par une crainte vague. Toutes ces expressions me reviennent
chaque seconde et résonnent encore dans mon cerveau... Je sens
ma poitrine comprimée et mon cœur qui bat à tout rompre.

Mike savait que j'étais dans une situation difficile. S'apercevant que j'étais à la limite de la dépression, il en a profité pour me
faire tout ce qui était en son pouvoir, tirant parti de ma vulnérabilité pour me causer du tort.

Quant à la deuxième lettre, il m'y présente des condo-
léances :

Je t'apprends que j'ai reçu une lettre venant du Gabon dans laquelle
on t'annonce le décès de ton petit frère Rodrigue. Il est mort la semaine
dernière, à la suite d'une courte maladie.

En situation de faiblesse et sans soutien moral... D'un côté
j'aime mes filles et je ne veux pas être séparée d'elles. De l'autre,
j'ai fui la torture et les coups que Mike m'inflige tous les jours, ça
devient atrocement cruel. Un vrai dilemme. Je ne peux que me
délier face à la réalité. Repartir chez lui est la pire, la plus sordide

et la seule alternative. Seulement, pour mes enfants, j'accepte d'être son esclave, de continuer à subir à chaque instant, en silence.

La mort de mon petit frère m'a beaucoup ébranlée. Je me le rappelle encore, quand je m'apprêtais à aller en Belgique pour les vacances de Noël. Il m'avait dit ceci :

— Grande sœur ! J'espère que tu ne vas pas pour de bon en Europe ? Tu sais que tu es la seule fille de maman ? Sinon, que deviendrait maman sans toi ? Et n'oublie pas que tu as laissé trois enfants ici. Je prendrai soin de mes neveux, ne t'inquiète pas, malgré que je sois encore petit, je te le promets. Tu peux compter sur moi.

— Je sais que tu es un oncle aimable. N'oublie pas que je t'aime, lui avais-je répondu en tapotant sur son épaule.

Je savais que je partais en Europe pour deux semaines. Si j'étais rentrée à la date indiquée sur mon billet d'avion, peut-être que je l'aurais encore vu et peut-être aussi qu'on aurait partagé de bons moments en famille, fait plein de choses ensemble. Ainsi, je m'en suis voulu de ne pas l'avoir vu avant son décès.

Je suis tourmentée par cette mauvaise nouvelle qui me tombe sur la tête, et je suis en même temps terrorisée par les menaces incessantes de Mike.

Par la suite, chaque jour sans faute, je recevais du courrier de Mike. Presque tout le temps, il allait au service social rencontrer Riza afin d'obtenir des informations à mon sujet. Riza acceptait de prendre son courrier sans pour autant lui dire où je me trouvais avec les enfants.

Dans l'une de ses dernières lettres, Mike me supplie de revenir avec les enfants. Il me promet de ne plus être violent envers moi et surtout envers ses filles. Il prétend qu'il est prêt à faire des sacrifices. Il écrit une lettre de reconnaissance mutuelle le 14 avril 1995 :

Par l'intermédiaire de cette note, nous nous engageons à nous respecter mutuellement, ma femme M. Célestine et moi-même. À savoir :
- *Plus d'injures entre elle et moi et plus de bagarres non plus.*
- *Désormais, c'est à elle que revient la charge de toucher les aides.*

Sauf si elle le désire, avec sa permission, je pourrais aller toucher le chèque que nous donne le service social pour les enfants et pour nous.

Par conséquent, je prends à témoin l'assistante sociale Riza de bien vouloir veiller à cette décision commune.

Aussi incroyable que cela puisse paraître, mon compagnon ne pense même pas à avoir mon avis sur sa fameuse proposition. Ne me laisse pas non plus le choix de décider. Au bas de la lettre il a écrit le nom de l'assistante sociale, le mien et puis le sien.

J'ai encore un peu d'amour pour lui et, surtout pour mes enfants, je ne veux pas être séparée d'elles.

J'essaie de me convaincre que la seule personne qui est censée me protéger dans ce pays, c'est lui. Je désire la paix, et puis je voudrais si possible, effacer tous ces mauvais souvenirs remplis de tristesse et de misère. Pourquoi ne pas enterrer le passé et repartir sur de nouvelles bases, me dis-je. Je décide donc de téléphoner à Mike pour lui dire que je suis d'accord, mais à condition qu'il respecte sa parole. Il faudra que cela se fasse devant Riza pour ma sécurité et celle des enfants, en espérant que ce n'est pas un piège qu'il me tend. Malgré ses mots doux, je ne peux plus lui faire confiance. Je reste prudente dans ce genre de situation. Maintenant, je sais à qui j'ai à faire. Cela dit, je dois encore réfléchir, car je voudrais d'abord souffler un peu.

VI

JE ME SOUVIENS DU JOUR OÙ nous nous sommes rencontrés pour la première fois avec Mike, chez un de ses amis, nommé Bijoux. C'était en 1986. Mike était nouvellement arrivé dans la capitale librevilloise. Ce jour-là, j'étais avec ma cousine éloignée Odile, qui entretenait une liaison amoureuse sans lendemain avec Bijoux. Elle voulait absolument aller rendre visite à son petit ami et m'avait demandé de l'accompagner.

En arrivant, nous nous sommes dirigées vers le salon. Trois hommes étaient en train de discuter et riaient aux éclats. Odile me présenta à ses amis. Ils étaient tous les trois jeunes. Bijoux était le plus beau de tous. Et le moins sérieux. Mais mon regard se dirigeait plutôt vers Mike, qui parlait de la spiritualité. Il avait l'air un peu plus sage et plus réfléchi que le reste de la bande. Je le regardais avec enthousiasme pendant qu'il nous parlait. Je n'envisageais avec lui qu'une chaleureuse et simple amitié. Une amitié sincère, celle d'un grand frère et d'une petite sœur. Un point c'est tout. Sincèrement, malgré ses efforts, sa sympathie, son respect, rien ne m'attirait à lui. Au plus profond de moi, jamais je ne me serais imaginé un seul instant vivre avec lui. Notre relation fut fondée sur l'amitié.

Des semaines passèrent, puis un beau jour, j'étais chez moi devant la porte lorsque de loin j'aperçus deux jeunes hommes qui me faisaient un signe de la main pour dire bonjour. Et, à ma grande surprise, c'est Mike et un de ses amis qui étaient sur une colline. Pendant des heures, ils m'observèrent. Prise de panique, je n'ai pas pu aller à leur rencontre. Non seulement j'avais peur que mon grand frère me voie, mais aussi, je ne comprenais pas ce qu'ils faisaient là. Nous n'avions pas rendez-vous. Pourquoi débarquaient-ils de manière impromptue ?

Ces visites inopinées et incessantes commençaient à m'agacer. Tous savaient qu'en venant chez moi ils allaient manger, ils allaient boire de la bière et ils allaient avoir de l'argent de poche. Dans la semaine, je pouvais les recevoir plusieurs fois. Ils commençaient à abuser de mon hospitalité.

Je compris plus tard que Mike voulait me faire passer pour sa copine aux yeux de ses camarades. Et par la suite, je compris aussi que ce n'était qu'un profiteur. Au départ, je les considérais tous comme une famille, sans arrière-pensée ni prétention. À ce moment-là, Mike ne faisait même pas partie de mes élus. Petit à petit, je découvris sa double personnalité. Alors, je décidai de rompre cette amitié qui à ma connaissance ne devait pas m'apporter grand-chose. Si ce n'est que dépenser pour des personnes peu recommandables.

Je me demande aujourd'hui pourquoi plus tard j'acceptais de renouer notre amitié. Quelqu'un que je ne considérais vraiment pas, qui est devenu du jour au lendemain mon amant, puis, des années après, le père de mes enfants. Cette même personne qui, allait me faire tant souffrir. Au point même de me traumatiser. Je n'y comprenais rien.

Ce n'était pas de l'amour vrai. Je me suis fait avoir tout simplement. Car, quand je lui ai donné pardon, il en a profité pour multiplier ses chances pour m'avoir. En utilisant tous les moyens qui lui étaient possibles : entre autres, ses pouvoirs nocturnes mystérieux.

Tout ce qu'il me disait me semblait vrai. Aveuglant, éblouissant, je trouvais tout beau en lui. Ses propos allaient droit à mon cœur et m'atteignaient comme une flèche. J'étais incapable de réfléchir. À ce moment-là, où que j'allais, le reflet de son visage apparaissait partout. Ma famille ne me comprenait plus et trouvait que je n'étais plus moi-même. Je récitais son nom à chaque instant et ne pouvais tenir quarante-huit heures sans le voir. Cela semblait bête.

Pourtant, beaucoup d'événements allaient pouvoir confirmer mes doutes et ceux de ma famille. Mes cousines trouvaient

Mike préoccupé, mystérieux. Il avait une attitude fausse qui ne leur plaisait pas. Elles me disaient toujours que c'était à moi de découvrir sa vraie personnalité. « Nous ne voulons que ton bien », me répétaient-elles. « Mais celui qui est en face de toi possède plusieurs facettes. À toi de les découvrir. » Je prenais ça sous forme de jalousie. *Elles ne voudront jamais mon bonheur,* me disais-je.

C'est seulement des années plus tard que je me suis retrouvée face à face avec le vrai Mike. Celui que ma famille connaissait. Il a enlevé son masque. Son visage d'ange était devenu le visage du démon. Sans que je m'en aperçoive.

Au fond, je croyais que tout se passait bien entre lui et moi, que les coups qu'il m'infligeait étaient normaux et mérités, que l'amour qu'il avait vis-à-vis de moi le rendait fou, sinon il n'aurait pas posé sa main sur moi. Donc, c'était à moi de changer pour que lui aussi, à son tour, change. Je trouvais ça normal. Or, je suis rentrée dans un processus de dégradation psychologique année après année en acceptant l'inacceptable.

Un matin, je me rendais au service social de notre commune, à Leuven. Je devais y rencontrer notre assistante sociale pour une mise au point. Au croisement d'une rue, à vingt mètres du service social, je vois Mike se diriger dans la même direction que moi, avec une lettre dans la main. Je sais qu'elle m'est destinée. Depuis mon départ pour le refuge, c'est la première fois en deux semaines que nous nous voyons. Il me supplie de quitter la maison de femmes battues avec les enfants, me dit qu'il allait essayer de tout faire rentrer dans l'ordre. La carte d'identité que Laurencienne détient : il veut la convaincre de lui rendre les documents d'identité qu'elle s'est fait établir à mon nom.

— Reviens à la maison ! Désormais, je ferai tout ce qui est en mon pouvoir pour vous mettre à l'aise. Nous devons oublier le passé et repartir sur de nouvelles bases. Et je peux te rassurer que tant que tu seras avec moi, rien de mal ne t'arrivera. Car je dois vous protéger ici dans ce pays, les enfants et toi. Je sais que des gens ne sont pas d'accord que notre union continue, mais je m'en fiche de ce qui arrivera après.

— Qui sont ces gens qui ne veulent pas que tu nous protèges et que nous vivions ensemble ? Et pour quelle raison nous en veulent-ils ?

Il me fixa un moment puis regarda le ciel comme s'il humait l'air pour évaluer la gravité du problème, son regard vague, perdu, confus.

— Je te répondrai seulement lorsque tu reviendras à la maison avec les enfants. S'il te plaît, écoute ce que je te dis, c'est très important !

Nos deux épaules se frôlent. Je m'arrête et le laisse passer pour ne pas lui donner une sale réponse, parce que je sais qu'il va répliquer en sautant sur moi, comme il l'a toujours fait. Personne ne viendra à mon secours. Rien qu'à entendre sa voix, j'ai la nausée.

Je me dirige dans la grande salle d'attente, il ne me lâche pas d'une semelle et nous attendons ensemble comme un couple normal, un vrai.

— Ça ne sert à rien de faire cette tête, me souffle-t-il. Tu sais que je suis de nature sauvage et violente. Je m'en fous de tout ce que les gens pensent de moi. Alors, ne m'énerve pas parce que tu vas le regretter si tu n'acceptes pas de revenir à la maison.

Quand mon tour arrive, Mike se lève et me suit à l'intérieur pour expliquer à l'assistante sociale que nous avons pu résoudre notre problème sans l'intervention de quiconque.

— Tout est rentré dans l'ordre, dit-il, sans que je ne dise mot.

Seul son pied en dessous de la table me dit que je dois rester calme. Quand je veux prendre la parole, il appuie son pied contre le mien. Et je suis obligée de me taire pour ne pas réveiller sa colère.

— J'ai apporté une lettre de reconnaissance mutuelle que nous devrions signer tous les trois !

Il la déplie face à l'assistante sociale et la lui tend en ricanant.

— Votre femme est-elle d'accord avec votre proposition ?

— Pourquoi ? Elle ne devrait pas ? Nous nous sommes mis d'accord. N'est-ce pas, mon amour ?

Avant que je puisse répondre, il se leva pour dire :

— Nous sommes africains et nous devons régler nos problèmes en tant que vrais Africains. Vous, vous avez une éducation et une culture autres qu'on ne peut pas comparer avec les nôtres. Vous êtes là pour détruire les ménages et séparer les parents de leurs enfants, mais vous ne savez pas résoudre les problèmes dans le bon sens, vous n'êtes pas là pour arranger, non. Chez nous, une femme doit être soumise à cent pour cent ! Une femme ne peut pas partir de la maison parce que son mari l'a frappée. Est-ce vraiment grave ça ? C'est vous ici qui entêtez nos femmes africaines ! Elles se prennent pour des reines, des intouchables. À cause de vos lois bidon, plusieurs familles se séparent ici. En Afrique, une femme ne quitte pas son foyer parce que le mari est violent. Là-bas, la femme est respectueuse, elle écoute ce que dit son mari.

Puis il m'ordonne de me lever. Riza et moi restons hébétées. Sans que je ne puisse dire mot.

— Vous n'êtes pas en Afrique, vous êtes en Belgique, je vous le rappelle ! On ne maltraite pas la femme ici ! Vous n'avez pas le droit de faire ça, lui lance Riza en tournant la clé sur la porte. Nous allons pouvoir discuter dans le calme sans être dérangées !

Elle sort le dossier qui est supposé être le mien de son tiroir. Puis commence à feuilleter toutes les pages, à la recherche du moindre indice qui puisse prouver que dans le passé Mike a été violent.

— Vous a-t-il déjà fait ça auparavant ? Ou bien c'est la première fois ? me demande-t-elle en posant son regard sur les feuilles de papiers.

— Ce n'est pas la première fois, malheureusement ! Assez souvent je suis battue par ce type. Il me donne des coups de poing, des coups de pied. D'ailleurs, j'en ai suffisamment encaissé ces derniers temps ! Assez souvent, il m'étrangle dans la baignoire en présence de mes enfants, me donne des coups pendant que l'eau coule, et ne s'arrête que lorsque je commence à suffoquer. Il est sans pitié, sans cœur et se croit tout permis.

— Vous n'êtes pas obligée de retourner vivre avec lui ! Nous sommes là pour vous aider. Nous pourrons peut-être vous trouver un logement pour que vous puissiez y vivre avec vos enfants.

Je sens que mon cœur va s'arrêter de battre. Car le dossier qu'elle vient de poser sous mes yeux n'est pas le mien. Dès lors, je me dois de garder le calme et le courage. Ce dossier pour moi est extrêmement important pour notre survie. Il est fondamental à partir du moment où nous allons percevoir l'aide sociale. Dire qu'il appartient à quelqu'un d'autre, à Laurencienne, ce serait trop con. Je ne veux plus retourner vivre avec ce malade. Même s'il me fait chanter, je ne céderai pas. Il me faut absolument être déterminée. Sinon tout ce que je veux réaliser restera vain. Je dois voir la réalité en face. Je sais pertinemment que la dame de l'assistance finira par découvrir un jour la vérité. Mais pour le moment, au moins ce dossier va nous aider dans beaucoup de démarches administratives. Paradoxalement, je suis envahie par un sentiment de dégoût et de tromperie. Du coup, je commence à me sentir mal à l'aise. Je n'ai plus la force de continuer la discussion.

— Je pense qu'il faut que je rentre, lui dis-je. Je reviendrai s'il le faut pour vous dire ce que je pense à propos de tout ça. Je dois rejoindre mes filles.

— Nous sommes là pour vous apporter notre aide, Célestine ! Vous n'êtes pas obligée de repartir chez lui.

— Il est trop tôt pour que je puisse prendre une décision, Riza !

Je me lève précipitamment, puis fonce droit devant moi. Je ne veux pas qu'elle me regarde une minute de plus pour ne pas mettre le doute dans sa tête.

Au tournant, je trébuche sur le trottoir pour virer à gauche et je suis envahie par la peur, j'ai hâte de rentrer. J'entends quelqu'un tousser et le bruit de pas pressés. Mike est en face de moi. Mes jambes flanchent. Depuis qu'il était sorti du bureau de l'assistante sociale, il rôdait dans les alentours. J'étais presque sûre qu'il allait m'attendre dehors quelque part comme d'habitude. Il m'a toujours surprise de cette façon, me faisant peur dans tous les coins de rues, dans les supermarchés, pour me prouver qu'il me retrouverait partout où que je sois, où que j'aille. Et c'est très dur de savoir qu'on est suivie tout le temps par quelqu'un qu'on ne veut plus jamais rencontrer de sa vie...

Il me prend par le bras et commence à me bousculer dans tous les sens comme une poupée.

— Tu sais ce que je peux te faire tout de suite ? C'est te balancer dans ces buissons, hein ! Te baiser, puis te poignarder et te laisser pourrir là. Espèce de chienne de pute. Tu n'es qu'une pute comme ta mère.

— Lâche-moi tout de suite ! Sinon... j'appelle la police.

— Même lorsqu'on est clandestin, on appelle la police ?

Mike savait que je ne pouvais pas aller loin dans ma détermination. Sans papiers ni domicile. je ne pouvais que faire marche arrière.

— Maintenant, la récréation est finie. Tu rentres ce soir chez moi avec mes enfants. Si tu ne rentres pas aujourd'hui, très tôt demain dans la matinée, j'irai voir Riza pour lui dire que ce n'est pas toi ma femme. Celle qui a fait les papiers au nom de Célestine Mavoungou, c'est Laurencienne. De toute façon, Riza a le dossier dans son tiroir, il suffit que je lui demande de bien regarder les photos qui s'y trouvent, elle comprendra que c'est une autre femme qui est là, et pas toi. Imagine donc la suite des événements. Alors, ma chérie ! Un simple coup de fil à la police et tu es embarquée pour le Gabon, sans tes enfants. Que préfères-tu ? Il va falloir que tu choisisses entre prendre l'avion pour repartir au Gabon ou bien revenir à la maison pour discuter en famille, ou encore aller en prison parce que je vais leur dire que tu vis ici illégalement. Écoute-moi bien ! Je sais que tu as tous les documents dans ton sac à main. Je te demande calmement de me les restituer.

Ensuite, va chercher les enfants où tu les as laissés dans la maison de femmes battues tout de suite. Rejoignez-moi, je vous attends.

Il retire le sac à main de mon épaule délicatement, puis l'ouvre et reprend tous les documents d'identité que j'avais mis à l'intérieur. Heureusement, j'avais eu la présence d'esprit de laisser mon passeport dans ma chambre au centre. Au cas où on me renvoyait au Gabon, que je ne puisse pas me retrouver sans titre de voyage.

— Je t'accompagnerai moi-même à la commune de Leuven dans la semaine pour qu'on établisse une nouvelle carte d'identité, avec ta photo dessus. Celle-ci est expirée, il va falloir la remplacer. Et le problème sera réglé.

Il souffle dans mon oreille « Je suis plus malin que toi ! » Et tourne les talons en me faisant un clin d'œil.

Je suis effondrée. Je cherche tout autour une cabine téléphonique pour essayer de joindre mon ami Piero. Je suis en larmes, choquée. Je raconte à Piero le cauchemar que je viens de vivre.

— Calme-toi ! me dit-il. Tu ne peux pas savoir à quel point ton problème me fait souffrir. Je te conseille de retourner chez lui. Essaye de le convaincre de faire ce qu'il t'a promis. Il n'y a que ça à faire. Je sais que c'est dur de faire semblant d'aimer quelqu'un comme lui, qui te fait autant de mal, tu es dégoûtée, je te comprends, mais joue le jeu et fais tout ce qu'il te demandera de faire ! Tu verras qu'il va céder, et alors tu trouveras un autre moyen pour partir de chez lui avec tes enfants. Tu me comprends, Célestine ? Un jour viendra... Ne t'en fais pas, il va le payer.

— Je ne me sens plus en sécurité chez cet homme, la confiance que j'avais en lui, je ne l'ai plus !

Depuis longtemps, les deux hommes ne se fréquentent plus, ne se parlent plus. Entre eux, la tension est vive. Je ne peux que m'en réjouir. Grâce à cette indifférence, à cette hostilité qu'ils ont l'un envers l'autre, beaucoup de choses pourront être à mon avantage. Maintenant, Piero n'a plus aucun intérêt à me cacher la vraie vérité sur ce qu'il sait exactement à propos de son ami Mike. Dorénavant, je suis presque sûre que Piero ne me trahira pas.

Après tout, n'est-il pas mon ami ? La colère qu'ils éprouvent l'un envers l'autre fait mon bonheur pour l'instant.

★

★ ★

En rentrant au refuge, je trouve mes filles en larmes, croyant que leur père m'avait encore tabassée.

— Elles ont refusé de manger tout ce qu'on leur a présenté à table ! m'explique l'une des femmes battues. « Nous voulons notre maman ! » disaient-elles sans arrêt. Elles ont tellement pleuré, jusqu'à s'endormir.

— Elles avaient peur ! confirma l'une des camarades. La plus petite disait que son père a l'habitude de frapper sa maman. « Et peut-être que maman est à l'hôpital. »

— Non, il n'y a rien de grave ! Je me suis tout simplement trompée de chemin. Je ne savais plus quelle route prendre...

J'essuie mes larmes pour que mes filles ne les aperçoivent pas. Et je prends la porte à droite, où se trouve le bureau des représentantes, pour leur annoncer que je dois absolument rentrer chez moi à l'instant même. Elles sont étonnées de me voir si excitée, si déterminée.

— Est-ce que vous avez croisé votre mari ? me demande l'une d'elles.

— Non !... Enfin, oui... Non... Je ne sais pas comment te dire, c'est pas à cause de lui... Je veux tout simplement rentrer aujourd'hui !

Ce qui revient à dire que si je repartais chez Mike comme il me l'a fait comprendre, sans mettre qui que ce soit au courant, ni même les assistantes sociales, du problème des papiers, j'aurais en fait sauvé la vie de mes enfants, et la mienne aussi. J'ai donc intérêt à ne rien laisser paraître. Vu que la situation est devenue encore plus compliquée que je ne le pensais, je dois vite prendre mes filles et filer d'ici avant que le crépuscule ne fasse son apparition. De toute façon, les assistantes sociales ne savent pas que j'avais les papiers de quelqu'un d'autre... De Laurencienne. Je dois éviter qu'elles l'apprennent, pour continuer de protéger mes enfants et moi-même. Où que je sois, où que j'aille, et quoi que je fasse, mon avenir est entre les mains de Mike et de sa bande.

Seule dans ma chambre au deuxième étage, je prie en silence : « Mon Dieu, notre Père ! Fais en sorte que rien de mal ne nous arrive. Protège-nous contre tous ces gens qui nous veulent du mal. Je t'en prie, Seigneur, je t'en prie. Surtout pardonne-leur pour le mal qu'ils me font, car ils ne savent pas ce qu'ils commettent. Que tout ce qu'ils combinent contre nous reste sans effet ! Le règne, la puissance et la gloire t'appartiennent et le dernier mot te revient. » J'avais désespérément besoin de communiquer avec mon Dieu. Avant de quitter cet endroit.

Soudain, je suis envahie par des mauvais pressentiments. La peur que j'ai provoque des tremblements. Je me demande ce qui se passera une fois arrivée à la maison. S'agit-il d'un piège ?

Un peu plus tard, je sors de la maison de femmes battues avec mes deux filles. Christina me propose de nous raccompagner en voiture.

— Puis-je vous déposer, Célestine ?

— Oui !

C'est drôle, nous sommes à trois cents mètres de là, mais la distance me paraît longue et pénible. Dès que nous arrivons à vingt mètres de la maison, elle nous dépose et fait demi-tour avant que son véhicule ne soit repéré.

Je m'assoie sur les marches en béton devant l'ascenseur. Sceptique, décontenancée. Mon regard dans le vide. Tous les mauvais souvenirs m'assaillent. Je suis tout de même réticente avant de sonner. Mes filles sont tout aussi inquiètes que moi. Elles ne sont pas d'accord que nous revenions à la case départ. Tout se lit sur leurs petits visages. Elles ont peur de leur père. D'ailleurs, la plus jeune ne peut s'empêcher de me poser la question : « Pourquoi est-ce que nous revenons encore ici, Maman ? » « Papa m'a promis qu'il n'y aura plus de problèmes désormais. » Je fais mon possible pour les rassurer, pour les consoler.

— N'ayez crainte, tout ira bien ! Il vous aime, votre papa.

— Oui, mais pourquoi il te tire les cheveux ? Pourquoi il te frappe tout le temps ?

Doriane ne supporte même plus la voix de son papa, la confiance n'y est plus.

— Je ne veux pas aller chez lui. Non ! Je repars là-bas ! me dit-elle, tout en se dirigeant vers la porte centrale.

— Non ! Ne fais pas ça, ma puce !

Je cours derrière elle pour la rattraper et la serre dans mes bras pour la rassurer.

— Ce sont des histoires de grands, ma puce ! Quelquefois, les grands se fâchent, mais ils finissent par se pardonner.

— Allô ! Je viens vous ouvrir la porte.

(Bien que depuis l'appartement il puisse appuyer sur l'interphone pour que nous montions...)

— Oui, c'est nous !

Je n'en peux plus de ce chantage. Il faut que je trouve une solution pour m'en sortir. Je grimpe les escaliers en marmonnant comme une folle. Ce n'est pas aussi facile que ça en a l'air. J'essayais de garder le calme, malgré la tension qui montait en moi.

Le bruit de ses pas me fait frémir. En moi, la colère, la haine, la révolte ne font plus qu'une. Mon cœur commence à battre fort, de plus en plus fort, à tout rompre. Le fait de voir Mike en face de moi, je lui en veux, à lui et à moi-même. Pourquoi nos chemins se sont-ils croisés ? Pourquoi n'a-t-il pas connu Laurencienne avant de m'avoir rencontrée, moi ? Pourquoi est-ce que je n'ai pas rencontré quelqu'un d'autre avant qu'il ne croise mon chemin ? Lui, l'homme que je ne voulais en fait pas avoir comme compagnon... Lui que, par dessus tout, je refuse de voir, l'homme qui me fait chanter tous les jours. À cause de lui, je n'ai plus d'appétit, plus de sommeil, et la peur au ventre produit un effet négatif sur tout mon corps. Oui, je deviens une personne étrangère à moi-même... Je deviens un objet... Je n'ai qu'une seule envie : lui fracasser la tête, si j'en avais la force et la possibilité.

Maintenant, la peur semble avoir fait place à la colère. Mais je ne peux que me résigner, accepter l'inacceptable.

— Entrez ! annonce-t-il avec hargne et mépris.

Moi qui pensais que ma fugue allait peut-être changer les choses. Bien au contraire. Il nous accueille comme à la guerre. Subitement, les injures fusent, sans explication.

— Nous vous attendions depuis des heures déjà. Et je peux te dire que tu as de la chance, demain matin je devais me rendre chez Riza pour lui expliquer tout le problème... Que le dossier ne t'appartient pas, mais qu'il appartient à Laurencienne. C'est elle qui s'est rendue à l'Office des Étrangers faire la demande d'asile politique, pas toi. Peu importe de ce qui viendra après. Que les services sociaux prennent les enfants. Ce serait une bonne leçon pour toi. Tu comprendras alors que c'est très important de respecter les gens et surtout ton mari.

— Je suis au courant de tout ! Surtout, en ce qui concerne votre fameuse histoire de papiers ! Auriez-vous le courage de me donner des explications là-dessus ? Franchement. Maintenant, toutes les assistantes sociales savent que vous voulez ma peau ! Alan est là aussi ! Vous saviez que je rentrais ce soir, n'est-ce pas ? Hein !

— Pour dire vrai, je ne savais pas que vous viendriez aujourd'hui ! prétend Alan, tout penaud.

— Ah ! je vois ! C'est par pur hasard que vous êtes là, Alan ! Ça fait quand même drôle, non ! Que vous soyez là, juste au moment où je reviens dans cet appartement. Ça sonne faux, je dois le dire, et comme d'habitude... Ouais ! C'est toujours vous que je trouve ici dans cet appartement !

Je lui rappelle que le premier jour, quand je suis arrivée en Belgique, il était justement là. Assis, au même endroit, comme aujourd'hui.

— Ça fait beaucoup, dis-je en sourcillant.

— Qu'est-ce que ça peut te faire ? réplique Alan. Quelque chose ne va pas ici ? À mon avis, ton mari devrait t'apprendre comment vivre ici dans ce pays ! Je parie que si tu continues avec cette attitude, tu vas te retrouver d'ici peu dans l'avion – toute seule.

— Bien sûr, je sais maintenant comment vivre ici, en Belgique, et en particulier à Leuven ! Vous me l'avez déjà enseigné, dès le premier jour où je suis rentrée illégalement dans ce pays, en passant par la France.

— Tout va bien, intervient Mike.

Il montre les dents et aboie à tort et à travers : « Tout va bien. »

— Je peux te dire que tu l'as échappé belle ! poursuit-il. Heureusement, tu es revenue avec mes enfants. Je peux te dire, tu es sauvée ! Tu es une fille chanceuse quand même, je dois le dire. D'ici la fin de la semaine, tu devras rentrer au Gabon, que tu le veuilles ou non.

Dorénavant, je ne me tairai plus devant n'importe quelle situation. J'ai le droit de me défendre.

— Ah oui ! dit Mike. Tu n'es qu'une clandestine, et tu te tais.

— D'après vous, qui est la vraie Célestine ? Répondez-moi, tous les deux ! Pour une fois au moins, bon sang, soyez honnêtes... ! Vous êtes tous des menteurs !... Des truands !... Je suis au courant de tout ce que vous avez fait !

Je suis hors de moi et ne sais plus me contrôler devant les deux hommes.

Mike reste bouche bée, ses yeux rouges sont rivés sur moi, tentant de m'intimider. Il cligne des yeux à plusieurs reprises, comme s'il avait du mal à reprendre contact avec tout ce qui l'entoure.

— Que ce soit toi ou nous, personne ne sera épargné dans cette affaire, tu dois le savoir que nous sommes tous sur un terrain glissant à présent ! lance-t-il avec hargne.

— Il est temps que tu arrêtes tes conneries, Célestine ! Hein !..., intervient Alan en fronçant les sourcils.

— C'est vous qui déconnez partout où vous passez et vous entraînez tout le monde sur le chemin de vos malheurs, de vos fraudes et de vos mensonges !

— J'espère que ta femme est consciente des risques qu'elle

court, Mike ? Si j'ai des problèmes dans ce pays, nous règlerons cela dès notre arrivée à l'aéroport Léon-Mba au Gabon. Je sais que... Elle non plus ne restera pas ici en Belgique, nous serons tous embarqués et expulsés vers le Gabon. Ensuite, nous pourrons régler nos comptes dès notre arrivée. Et c'est le moment maintenant de lui tirer les oreilles !

— Vous rêvez en couleurs, ne puis-je m'empêcher de lancer.

Mais le message est clair, je vais me faire lapider par Alan, Mike et Laurencienne, sa maîtresse, ici en Europe. Et leurs familles respectives feront ce que bon leur semble pour régler leur compte à mes enfants qui sont restés au Gabon. Il n'y a personne là-bas pour les défendre... personne pour me défendre à Libreville. Si je porte plainte contre eux pour usurpation d'identité et pour faux et usage de faux, c'est sûr et certain que je serai moi aussi expulsée de Belgique et forcée de retourner dans mon pays d'origine. Sans doute qu'alors je ne pourrai même pas revoir mes filles. Eux, mon mari, ses complices, ils n'auront rien à perdre, hormis les papiers qu'on va peut-être leur retirer... Tandis que moi, j'ai deux êtres chers à protéger. Mes enfants que j'aime par-dessus tout...

★

★ ★

Depuis plusieurs jours, Mike semble réfléchir, il fait son *mea culpa*.

— Je pense que toi et moi nous devons comprendre que nous sommes faits pour la vie, déclare-t-il. Je vois le chemin que nous avons parcouru jusqu'à présent, tu n'as fait qu'endurer la souffrance. Cela me fait mal et j'ai vraiment réfléchi sur la situation. Je dois maintenant vous rendre heureuses, les enfants et toi.

Une semaine plus tard après mon retour de refuge, mon compagnon me demande d'aller avec lui à la maison communale.

— Nous devons remplacer l'ancienne carte d'identité par la nouvelle en mettant cette fois-ci tes photos dessus, me dit-il. Laurencienne ne va plus avoir droit à quoi que ce soit. Désormais ses papiers t'appartiennent. C'est toi ma femme et pas une autre. En tant que la mère de mes enfants, tu mérites d'être respectée. Dans cette perspective, il incombe à l'intéressée d'aller se présenter elle-même à la commune pour renouveler sa carte d'identité. Étant donné que je ne peux plus demander à Laurencienne de le faire, il faut que tu prennes ton courage à deux mains pour faire cette démarche. Et chaque fois ce sera la même chose, tu devras te présenter une fois par mois à la commune pour prolonger ta carte d'identité. Et tous les six mois, il faudra apporter deux photos pour qu'on t'établisse une nouvelle carte. Ce sera comme ça jusqu'à ce qu'on nous donne le statut de réfugiés.

— Je voudrais savoir pourquoi tu as fait tout ça ? Qui t'a entraîné dans ce genre de choses ?

— Parfois, il y a des choses que les gens font... sans vouloir les faire.

Il y a à peine quelques jours, Mike était un vrai caïd, un intouchable, et n'avait plus le même raisonnement que les autres. J'aimerais savoir ce qui se trame encore derrière cette fausse gentillesse ! C'est assez bizarre... Plus jamais, malgré toutes ses fausses promesses, je ne lui referai confiance... Je sais exactement que Mike est un vieux singe. Honnêtement, je sais comment m'en tenir désormais face à une personne malicieuse comme lui.

Aujourd'hui, c'est un grand jour de défi. Nous devons nous rendre tôt dans la matinée à la maison communale. Toute la nuit, je n'ai pas trouvé sommeil. Je passe mon temps à prier Dieu afin que je ne sois pas arrêtée par la police et renvoyée d'urgence après que notre manège a été découvert.

— Je sais que t'as la trouille devant toute situation, pas de panique surtout, tu ne dois pas leur montrer que cette carte d'identité ne t'appartient pas. Fais comme si t'as l'habitude de venir la renouveler. Sinon, c'est la prison s'ils découvrent qu'il y a falsification de pièces.

Cet homme me connaissait assez bien pour me faire ce qu'il a pu me faire. Il savait, d'avance, que je suis une personne qui veut toujours marcher dans la droiture. Le fait que je sois mêlée à cette

histoire lui a donné le courage de me tenir en haleine. En me faisant chapter chaque jour, lorsque je tentais de lever ma tête hors
de l'eau pour me révolter... Il savait utiliser les mots qu'il fallait
pour me convaincre de mes responsabilités, qui en fait étaient les
siennes.

Malheureusement, ce n'est que petit à petit que je me suis
rendu compte de beaucoup de choses qui n'allaient pas...

VII

MIKE ME DEVANCE de quelques mètres car j'ai honte de cheminer avec lui : tout le monde ici dans cette ville, en particulier les Noirs, est convaincu qu'il est le mari de Laurencienne et non le mien. Je suis hésitante et perplexe, pas sûre du tout que ce plan aboutisse. Vu la complexité et la gravité de mon dossier, je transpire de la tête aux pieds. À pas feutrés comme une chatte, je suis Mike sans savoir vraiment ce que je suis en train de faire. Que va-t-il arriver ?

J'ai été bien naïve de croire en l'amour que Mike me témoignait au début de notre histoire, sans savoir quel genre d'homme il était véritablement. Aujourd'hui, il m'a tout simplement vendue. Il m'a trahie comme Judas a livré Jésus. C'est comme si, tout à coup, le monde s'était mis à tourner dans l'autre sens !... Mais même lorsqu'on se fait prendre au piège, il y a toujours un peu d'espoir au fond de soi. On se dit qu'on doit s'en sortir, même si ça prend une éternité.

Ce que j'aimerais, à ce moment-là, c'est quelques minutes de réflexion. Mettre de l'ordre dans mes idées, afin de pouvoir m'expliquer au cas où je me ferais attraper en flagrant délit. Je n'ai pas envie de subir une interrogation en règle devant les autorités. J'y vais malgré tout pour nous sauver la vie.

Je me sens si loin de mon pays, loin de ma famille. Je suis toute seule au monde, un monde sans pitié et sans merci. Un monde de fous ! Qui croirait que j'ai été victime d'une manipulation de bande organisée ? Qui croirait un seul instant que j'ai été entraînée dans cette affaire sans le savoir, que je me suis fait avoir comme quelqu'un qui par malchance se trouve au mauvais moment au mauvais endroit ? Par malchance, il fallait que ce soit moi.

Connaissant Mike comme je le connais, il est capable de me réserver une sale surprise. C'était un piège, ça ne fait aucun doute. Mais quel genre de piège ? Je me le demande...

Auparavant, il avait été mon confident. Ensemble, nous nous disions presque tout. Enfin, du moins c'est ce que je croyais dans mon monde imaginaire. Mais lui, de son côté, avait ses plans, des sales intentions à mon égard. Donc, forcément il ne pouvait pas me livrer tous ses secrets, surtout si cela me concernait. Plus le temps passe, plus je me rends compte que mon compagnon savait que s'il me faisait ceci ou cela, ça marcherait...

Je me rappelle encore lorsque nous étions à Libreville, chez nous. Autrefois, je le recevais chez moi à la maison comme un grand frère, un ami à qui je pouvais me confier sans limite. Je lui parlais avec une confiance totale. Le mettais au courant de mes problèmes. De mes déceptions amoureuses, de mes peines, mais aussi de mes joies et des rêves que je voulais un jour voir se réaliser. Ce grand frère qui me prodiguait des conseils, lui qui était mon confident, où est-il passé ? Je voudrais le retrouver, ce grand frère-là. Pourquoi m'a t-il orientée vers une autre direction ? Celle du mensonge et de la destruction. Celle de la démesure et de l'abus. Pourquoi ? Me donnera t-il la réponse un jour ? Je l'espère vraiment...

À la réception, Mike me demande de prendre place. Mon cœur bat à tout rompre, je tremble, mes pieds, mes mains tremblent. Je sens aussi mon thorax se compresser à cause de la peur. Je transpire de la tête aux pieds.

— C'est à nous maintenant ! dit Mike quand notre tour arriva.

— Bonjour, Monsieur !

Il présente à l'agent les quatre photos avec les deux cartes d'identité, parce qu'il doit aussi renouveler la sienne. Tous ces gestes me paraissent durer une éternité. J'ai envie de vomir, de m'évanouir. L'épuisement est aussi la raison de ma peur. Depuis plusieurs mois je ne dors pas bien, à cause des soucis que mon compagnon et sa bande me causent.

L'agent communal nous fait signe qu'il doit aller chercher les deux dossiers. Du coup, je perçois une tension générale qui monte et je ne me sens pas bien du tout. Je retiens mon souffle et j'implore mon Dieu et tous mes ancêtres de me sauver de cette situation délicate.

Visiblement, Mike a aussi peur que moi de se faire attraper. Lui qui se prend pour un puissant dans ce pays. Lui qui n'a jamais eu la trouille dans sa vie, contrairement à moi qui tremble devant n'importe quelle situation.

— Ne parle pas à cet homme ! me dit Mike, sauf s'il te pose une question. Et ne le fixe pas non plus. Il ne faut pas qu'on lui laisse voir que ce n'est pas toi sur la photo...

Je me demande si nous ne risquons pas d'être arrêtés sur le champ. Qu'on le veuille ou non, je suis devenue complice, moi aussi. Je ne pourrai pas y échapper, pour association de malfaiteurs, faux et usage de faux, tout ça à cause de « l'amour ».

Je surveille les minutes qui passent à ma montre. Combien de temps faudra t-il encore que nous attendions là avant que cet homme ne revienne ? Ce moment devient insupportablement long. Nous attendons nerveusement depuis quelques minutes. De loin, nous apercevons une ombre qui rôde entre les rayons. Enfin, l'officier revient avec les dossiers en main, dix à quinze minutes plus tard. Il murmure quelques mots en disant qu'il a dû chercher pendant longtemps parce qu'il y a plein de dossiers et que les nôtres n'étaient pas au même endroit.

J'observe à la dérobée tous ses gestes qui me mettent de plus en plus mal à l'aise. Je me demande quelle surprise m'attend. J'ai peur des policiers que je vois rôder dans la salle. Leur regard est persistant. Peur du lendemain, parce que je sais que désormais je viendrai exposer ma vie devant ces autorités. Et, je sais de toute évidence que, tôt ou tard, je me ferai prendre un jour, la main dans le sac. Pour l'instant j'y vais pour améliorer notre existence, pour notre survie. De longues minutes passent encore et encore, avant que le travail soit terminé.

Le fonctionnaire nous sourit puis nous tend les deux pièces d'identité.

— Voulez-vous signer ici, Madame !

Du coup, je sursaute, parce qu'il s'est adressé à moi subitement.

— Hein ?

— Voulez-vous apposer votre signature au bas de la carte ?

— Avec plaisir, Monsieur !

Mike à son tour signe comme d'habitude, normalement.

Je marmonne un remerciement en me dirigeant tout droit vers la porte de la sortie sans véritablement dire au revoir. Je ne sens plus mes pieds au sol et je marche sans me retourner, ni dire un mot jusqu'à ce que nous arrivions à l'entrée de l'immeuble.

À table, je mange malgré moi, plongée dans mes sombres songeries familières qui, en général, sont composées de remords, de rancunes, de questions et surtout d'incompréhension. Mike en a fait un peu trop... Il est allé trop loin. Inutile de continuer à perdre mon temps avec quelqu'un comme ça qui trouve qu'il n'y a rien d'anormal. « Il n'y a rien de grave », dit-il sur un ton autoritaire pour me calmer, comme d'habitude.

Il se cramponnait à une situation qu'il ne voulait pas changer véritablement. Tout ce qu'il faisait, à ses yeux, était excellent. Sa vérité à lui était la bonne, il refusait d'examiner la mienne pour comprendre à quel point tout cela me faisait mal, refusait tout progrès, refusait toute évolution. À quel point il me faisait souffrir, ainsi que les enfants d'ailleurs qui n'ont pas pu avoir une enfance heureuse !

— Tu ne vas rien m'apporter de positif, me disait-il. Ceux qui marchent dans la droiture réussissent difficilement dans la vie. Tu en es la preuve. Je veux une femme qui progresse, une qui n'a pas peur de faire ce qu'on lui demande de faire, une qui suit son mari et accepte de fonctionner comme lui. Tu es loin d'être cette femme-là.

— Mais bien sûr que c'est grave, Mike ! Pour moi, c'est grave ! Très grave même ! Jamais je n'accepterai de marcher dans la fausseté, je préfère être larguée comme une chienne...

Il n'y a pas longtemps, Mike regrettait de nous avoir fait trop souffrir. Le jour où nous nous sommes rendus à la maison communale, il avait juré sur la tombe de sa grand-mère. Cette grand-mère qu'il aimait par dessus tout a disparu pendant son absence, il était déjà en Belgique lorsqu'il apprit la nouvelle. En me donnant sa parole d'honneur, je me suis dis que je pourrais lui accorder une seconde chance. Pourquoi ne pas repartir sur de nouvelles bases et rayer le passé pour le bien de ma famille ? Quand bien même que ce ne soit pas facile d'oublier le passé.

Il est évident que Mike n'est pas prêt à apporter un changement à son comportement qu'il trouve irréprochable. Pour qu'il y ait changement, il faut qu'il y ait dialogue. Il faut donc qu'à chaque fois il y ait une disponibilité à apprendre de l'autre et à l'écouter pour avancer dans un couple. Chaque fois qu'il y avait un problème à débattre, Mike cherchait toujours à avoir le dernier mot. Il avait toujours raison sur n'importe quel sujet et devant n'importe quelle situation.

« Le chef a toujours raison. » Il me le réitéra sans cesse à chacune de nos disputes, pour me dominer davantage. « Quand je parle, tu dois te taire ! C'est moi qui commande ici dans cette maison ! » C'étaient des phrases que j'entendais presque tout le temps. Ça lui faisait plaisir de me dominer, c'était sa façon de me faire disparaître. À lui la victoire...

Dans ma souffrance, je cherchais toujours comment trouver un moyen pour m'en sortir. J'avais un peu d'argent, six mille francs belges, que je gardais secrètement au fond d'une boîte, pour ne pas qu'il me joue un sale tour, comme d'habitude. Malheureusement, ce jour là, il tombe par hasard sur cette boîte et commence à fouiller pour chercher je ne sais quoi.

— À qui appartient cet argent ?

— C'est à moi ! J'ai économisé lorsque j'étais au Vluchthuis.

— Quoi ? Tu te prépares pour fuir avec mes enfants ? N'est-ce pas, Madame ? Tu n'auras plus cet argent ! Tu peux même aller porter plainte où tu voudras, sans succès. Il faudra que tu me dises qui t'a donné cette somme.

Mon compagnon s'empara de cette somme et fila à Bruxelles pour fêter sans scrupule avec sa maîtresse et ses amis qui me haïssaient à mourir.

Mais ces gens là, je ne leur en veux pas et jamais je ne leur en voudrai. Leur attitude envers moi ne venait pas délibérément d'eux. Parce qu'il y avait quelqu'un derrière tout ça qui me donnait une sale réputation. Quelqu'un qu'ils ne connaissaient pas véritablement.

Le lendemain matin, après qu'il se fut emparé de mon argent, je lui dis que le temps était venu de mettre les choses au clair. J'essaye de retenir mon souffle et ma rage, avant de lui demander de me restituer la somme.

— Je voudrais que tu me remettes les six mille francs belges que tu as pris hier soir ! S'il te plaît !

— J'ai tout brûlé hier soir en boîte de nuit avec mes amis. Il ne reste plus rien ! Si tu veux, je te donne les pièces qui restent dans mes poches.

— Pourquoi me fais-tu tout ça ? Tu sais quand même que je n'ai pas économisé pour rien, Mike ! J'ai aussi besoin d'argent ! Hein... ?

— Si tu veux économiser, il faudra repartir à Libreville. Là-bas, personne ne viendra prendre ton argent dans ta malle. Mais tant que tu seras sous mon toit, il n'y aura pas de cachette ici, pas dans cette maison, non. J'ai fait exprès de tout dépenser, pour que cela te serve de leçon.

— Puisque dans la lettre de la réconciliation tu avais bien souligné que désormais c'est moi qui irais toucher le chèque, je vais ce matin au service social afin de retirer notre chèque ainsi que celui des enfants.

— Il en est hors de question ! Tu n'iras toucher aucun chèque ! Je l'ai dit seulement comme ça, pour que tu reviennes à la maison, afin de trouver le temps de préparer ton voyage pour le Gabon !

— J'accepterais volontiers de prendre l'avion pour le Gabon avec mes enfants. Sans eux, je ne partirai pas, qu'il pleuve, qu'il neige. Uniquement avec mes enfants. Une fois encore tu m'as tendu un piège pour m'avoir dans tes griffes, comme d'habitude, Mike ! Lorsque tu veux obtenir quelque chose, tu deviens l'homme le plus doux, le plus gentil de la planète. Dès que ta mission est accomplie, inéluctablement, tu ressors tes griffes de Satan. C'est grave qu'un être humain puisse avoir un double visage toute sa vie ! J'ai compris que tu es dominé par le diable... Il est temps que tu te repentisses, mon ami ! Que tu le veuilles où non, j'irai au service social avec toi aujourd'hui ! Cette fois-ci, je ne laisserai pas l'argent des allocations familiales aux mains de ta maîtresse Laurencienne, ni à toi d'ailleurs...

Étant donné que je sais où se trouve le service social, je sors de l'appartement avant lui, pour ne pas qu'il m'enferme encore comme d'habitude. Je suis catégorique, déterminée à aller jusqu'au bout, parce que je veux savoir où passe l'argent des allocations, qui en bénéficie ? Cette fois-ci, je dois partir, et vite avant qu'une autre mauvaise surprise ne vienne compromettre ce que j'ai décidé. Je comprends aussi un peu ses réactions. Il a toujours marché dans la fausseté, ce qui fait que nos deux comportements sont diamétralement opposés.

Mike a toujours présenté un caractère idéal dans son entourage, bien soigné. Pourtant, il ne l'est pas réellement. C'est ainsi que les autres ne comprenaient pas pourquoi j'avais pris la décision de le quitter, même si certains d'entre eux ont vu ce qu'il me faisait, et fermaient les yeux pour me faire croire qu'il était l'homme que toutes les femmes souhaitaient avoir.

À peine arrivée, je n'ai pas eu le temps de m'asseoir devant notre assistante sociale que Mike était là, devant moi.

— Tu verras ce que je te ferai aujourd'hui devant tout le monde !

Je ne peux m'empêcher de lui répondre tellement j'en ai assez, en lui disant que je vais prendre ce chèque, parce que je suis la maman de ses enfants, et pas quelqu'un d'autre.

— Tu me rends mon argent que tu as pris hier, et je te laisse tranquille avec tous tes chèques.

Alors que nous nous lançons des mots durs, une des assistantes sociales qui fait signer les chèques s'aperçoit qu'il y a un problème. Elle a compris qu'on se dispute à cause de l'argent, et, de ce fait, elle me fait signe de passer devant un autre guichet provisoirement fermé. Elle tente de me remettre le chèque d'allocation familiale. Car Riza, notre assistante sociale habituelle, l'avait déjà prévenue, avant même que nous prenions la file.

Il y avait souvent du monde dans ce bureau, et la file traversait le long couloir jusqu'à dehors, ce qui fait que les gens attendaient parfois une heure, voire deux, avant de recevoir ce fameux chèque. C'était la toute première fois, après plus d'une année, que je venais faire la queue comme eux...

En voulant me faufiler au milieu de cette marée humaine, je fus surprise par un coup de poing à la nuque. Mike m'en appliqua obstinément un second avant que des personnes tentent de s'interposer. Je suis assommée par les coups qu'il me donne, l'un après l'autre. Par terre, je suis accroupie, j'ai tellement mal que je n'arrive pas à crier, ni à me relever. Il me prend vigoureusement par les épaules pour me relever de force et là, il m'applique un coup de tête qui me laisse à moitié consciente. Je l'entends crier comme un fou et demander à cette assistante sociale de lui remettre les deux chèques. Elle lui répond :

— Oui, mais je ne vous en donnerai qu'un seul, un seul chèque. Par contre, celui des allocations familiales, je le remettrai à cette jeune dame que vous êtes en train d'assommer. C'est elle la maman de vos enfants. Donc, j'estime que ce chèque lui revient.

Mike commence à crier dans tous les sens. Il est dans tous ses états.

— Vous êtes comme elle ! Je suis le père de ces enfants et c'est moi seul qui décide. Je sais ce que je dois faire avec ce chèque.

— En Afrique peut-être, vous êtes le seul à pouvoir prendre des décisions dans le foyer, mais pas ici. La femme aussi a un mot à dire dans le foyer.

Je suis anéantie par les coups de poing, les coups de pied et par ce coup de tête qu'il vient de m'infliger. Le personnel du service social décide de me cacher dans un bureau en attendant l'arrivée des forces de l'ordre. Monsieur repart alors chez lui à la maison, avec un seul chèque. Je sais que ma vie est de plus en plus en danger. Si je rentre à la maison, il va me marteler à coups de poing. Je n'ai qu'une solution à présent, me rendre au refuge pour ne pas en subir davantage.

Plus de deux heures déjà, les enfants sont restées seules dans l'appartement. À cette époque, elles n'avaient que 3 et 4 ans. Même dans mon état de choc, je veux aller retrouver mes enfants. Je sais qu'il va s'en prendre à elles.

Les assistantes sociales m'interdisent de partir à la maison parce que cet homme peut me faire encore plus mal, vu sa détermination. On me propose d'aller à l'hôpital, à cause de mon état : mon visage est tuméfié, l'œil gauche complètement refermé, je ne vois plus rien. Je saigne abondamment du nez, j'ai mal au cou, mal partout. Partout où il a trouvé bon de donner des coups.

J'ai été admise aux urgences – je n'en étais pas à ma première admission et ce ne fut pas la dernière non plus. Dès ma sortie, je me dirigeai immédiatement au refuge.

Aucune nouvelle de mes enfants depuis plusieurs jours maintenant. Je ne sais pas si elles se portent bien. Ou s'il s'en est pris à mes petites. J'ai plus peur pour elles que pour moi. Parce que je sais que cet homme est un forcené... il est capable du pire...

Que leur est-il arrivé ? Je n'en sais rien. Bon sang... ! Je devrais solliciter l'aide des forces de l'ordre afin qu'on me les ramène à la maison de femmes battues. Mais le problème c'est que je ne suis pas véritablement en situation régulière, la fameuse carte d'identité que j'ai en ce moment ne me permet pas de prendre ce genre de risque. Tout ce que je peux faire pour l'instant, c'est dormir pour avoir la force et le courage d'affronter les éventuels ennuis.

Les assistantes sociales ne peuvent pas non plus m'aider à aller prendre mes enfants. Elles me disent qu'elles ne prennent pas ce genre de risque, et elles ne sont pas supposées prendre ce genre de décision sans l'approbation du juge de paix. Et même si elles en obtenaient une, elles sont obligées d'être accompagnées de la police ou de la gendarmerie. Sans quoi, elles n'y peuvent rien.

— On n'a pas le droit d'arracher les enfants à leur père, disent-elles. La loi l'interdit. Ça risquerait de se retourner contre nous. Malheureusement pour l'instant, nous n'avons aucune alternative pour vous aider. Et en plus, jusque-là, nous n'avions aucune preuve tangible qui prouvait que ce père était violent envers ses enfants. Vous devez noter à présent que toute femme qui n'a pas eu le réflexe de prendre la fuite avec ses enfants, à partir du moment où elle se retrouve seule au refuge, elle aura peu de chance que le juge plaide en sa faveur. Le mieux c'est de partir avec les gosses quand on sait qu'il y a risque, et que ces enfants courent un danger réel. Mais, dites-vous bien que plus les jours, les semaines et les mois passent, plus le mari aura la chance d'obtenir le droit de garde définitif de ces enfants, malheureusement pour vous.

Chaque fois que j'entendais ces mots, j'avais la nausée, j'avais mal au cœur. Je pleurais nuit et jour. Et comme mon compagnon le voulait, il est le seul désormais à pouvoir décider de ce qu'il veut faire avec elles, mes petites. Les faire adopter sans mon accord, c'est ce qu'il a toujours souhaité pour me faire mal.

Je ne trouve plus le sommeil. Plus d'appétit non plus, et je n'ai plus besoin de quoi que ce soit. Je me consacrais à la prière et à demander l'aide de mon Dieu. Chaque jour qu'Il fait, je Le supplie, Lui demande de faire un miracle afin que je puisse récupérer mes gosses, pour les protéger de ce père détraqué qui jusque-là ne prend pas conscience du mal qu'il me fait subir, et à elles également. J'implore Dieu de faire entendre Sa voix à Mike pour qu'il ne sacrifie pas nos enfants aux mains d'une inconnue. Cette femme polonaise qui attend avec impatience nos filles. Pourquoi les veut-elle absolument ? Que va-t-elle en faire surtout ? Pourquoi un père veut-il à tout prix se débarrasser de ses enfants, en les remettant aux mains d'une personne qu'il ne connait pas ? C'est juste par vengeance ? Ou bien est-ce que quelque chose d'autre se cache derrière cette méchanceté ?

Je passais deux semaines de stress, d'angoisse. Depuis plus de deux semaines, je n'avais aucune nouvelle de mes filles. Toutes les explications possibles que je présente aux assistantes sociales restent sans suite et me laissent sans espoir de pouvoir récupérer mes filles un jour.

Je sais qu'ici en Belgique on kidnappe les enfants pour les envoyer dans des réseaux de prostitution. Mike sait-il seulement que nos enfants risquent de se retrouver aux mains d'un proxénète qui serait à la tête d'un réseau international de prostitution ? A-t-il déjà encaissé l'argent de quelqu'un pour ne plus avoir le choix de revenir en arrière ? Je me pose tellement de questions auxquelles je sais que je n'aurai aucune réponse en retour. Ça me rend dingue de ne pas savoir le pourquoi...

Si seulement ce jour-là je n'étais pas allée au service social, je ne me serais pas retrouvée à l'hôpital, ni au centre pour femmes battues à nouveau. Tout était arrivé tellement vite que je finissais par me culpabiliser : si j'avais su, ce jour là... si seulement j'avais écouté la petite voix de mon cœur qui me disait de ne pas aller au service social... si... si ... Cela ne serait pas arrivé.

La soif de serrer mes deux bébés dans mes bras m'envahit. À tel point que je sens que je suis en train de sombrer dans la dépression. Tout ce que je vois devant moi me dégoûte et la vie elle-même n'a plus aucun sens pour moi.

Deux jours auparavant, j'avais inspecté les pistes environnantes pour essayer d'apercevoir mes gosses. Le refuge n'est pas vraiment loin de la rue où mes enfants vivent. Dix minutes à pied à peine. Si je pouvais seulement les apercevoir, rien que de les voir passer de loin, ça me soulagerait un peu. J'attendais, inquiète et nerveuse. Au bout d'un moment, je me lassai, doutant de pouvoir les revoir encore. Je ne voulais pas non plus que les assistantes sociales sachent que je traversais la route de temps en temps pour chercher à voir mes gosses. C'est strictement interdit dans le centre de sortir sans la permission de celles qui nous hébergent. Ce qui est certain c'est qu'elles m'auraient dit que non seulement je n'avais pas le droit d'espionner quelqu'un mais aussi que j'exposais ma vie au danger. Mike pouvait me surprendre et m'agresser. Ce serait considéré comme une violation de domicile.

Depuis deux semaines et deux jours maintenant, je ne dors plus. J'attends qu'un miracle se produise pour voir mes enfants. Rien. Je passe des nuits entières à sangloter, à me culpabiliser, à me lamenter sur mon sort...

Au troisième jour de la troisième semaine, je décide de prendre le risque, d'aller affronter cet homme. C'est une équation qui n'est pas facile à résoudre mais, qui ne tente rien, n'a rien. Je me lance donc un défi. Il y a un proverbe qui dit : « la foi soulève les montagnes. » C'est à moi de prouver la vérité de ce proverbe.

Je sais que je prends un grand risque et, connaissant cet homme, même si les enfants sont encore là avec lui, il ne pourra pas les abandonner seules dans l'appartement. Il est tellement malin, tellement obsédé par l'idée de me faire souffrir, qu'il fera tout ce qui est en son pouvoir, pour ne pas m'accorder cette chance qu'il considérerait comme une défaite pour lui.

VIII

IL EST CINQ HEURES DU MATIN, et c'est le week-end, un samedi, lorsque j'ouvre la porte du centre. Tout le monde dort encore et je ne veux pas être vue par mes camarades du centre. Ces femmes-là, désabusées et trahies par les hommes, finissent par perdre le contrôle sur la vie en général. Au lieu de s'occuper de leurs problèmes, elles fourrent le nez dans les choses qui ne les concernent pas. À force de vivre la violence, elles deviennent de véritables vipères, des commères. Entre nous, il y avait parfois des heures chaudes. Pour un rien, elles s'énervaient et tout devenait grave à leurs yeux... Rien ne leur échappait et elles rapportaient pratiquement tout sur ce qui se passait dans la journée, dans les moindres détails. Tout était mis sur la table à l'heure du dîner. C'était encore plus pénible pour moi de vivre dans ces conditions-là. Pour celles qui trahissaient les autres, c'était leur façon d'essayer d'oublier leurs propres souffrances...

Il y avait une jeune femme d'origine marocaine, elle s'appelait Latifa. Je m'entendais super bien avec elle. Les autres, je ne pouvais que les accepter, malgré leur hypocrisie.

Je décide de ne rien dire à personne de mon plan. Seulement à Latifa, à qui j'avais parlé de mes intentions, de mes plans, des jours auparavant. J'avais juste lancé cette phrase : « Si je pouvais, je devrais prendre le risque d'aller voir mes enfants, parce qu'elles me manquent beaucoup. » Sans dire plus. Latifa savait que je ne pouvais pas mettre ma vie en danger. Elle avait vu comment j'étais arrivée au centre d'hébergement, dans quel état j'étais ce jour-là. Même si, dans mon cœur, j'avais déjà décidé. Je ne pouvais rester un jour de plus sans voir mes filles. « Quand on veut, on peut », me répétais-je.

Le jour où je suis partie de l'appartement, j'avais réussi à prendre les clés, comme si je savais ce qui allait se passer. Grâce à ça, j'allais pouvoir ouvrir la porte principale de l'immeuble, sans attendre que quelqu'un entre ou sorte pour me laisser rentrer. Une fois à l'intérieur du bâtiment, mon premier réflexe est de sonner d'abord chez nos voisins libériens qui habitent au quatrième étage. Il est presque six heures du matin. Mais je suis un peu réticente au départ, vu que ce couple bat de l'aile comme nous. Le mari est aussi violent que le mien. Il bat sa femme au moins deux ou trois fois par semaine, exactement comme Mike me bat. J'hésite encore. Il y a lieu peut-être de trouver un autre moyen pour faire aboutir mon plan.

Quelques semaines auparavant, ce monsieur m'avait montré qu'il avait une faiblesse à mon égard. Que je lui plaisais. Il voulait que je devienne sa maîtresse, voulant profiter de ma vulnérabilité pour me faire la cour. Je lui avais répondu sèchement. Parce que je savais qu'il était aussi con, aussi brutal que celui que j'avais à la maison. Nous nous étions croisés une fois dans les corridors de notre immeuble un jour où j'étais descendue pour vérifier la boîte aux lettres en cachette. Ce voisin m'avait fait savoir qu'il voulait avoir une relation sérieuse avec moi. Et je lui avais répondu que je ne pouvais quitter Judas pour Satan, tous deux sont destructeurs. Autant être ni avec l'un ni avec l'autre.

Comment demander de l'aide à quelqu'un comme ça ! Au pire, il pourrait peut-être me trahir, si je lui livrais mon secret.

Mike m'avait fait comprendre que je n'avais pas le droit d'aller prendre le courrier au bas de l'immeuble. Malgré ses interdictions, j'y allais prudemment car je voulais avoir des nouvelles de ma famille restée en Afrique. Là-bas, ils avaient l'adresse de Mike avant même que je ne parte de Libreville. Ainsi, je savais que tôt ou tard, ils finiraient par m'écrire étant donné qu'ils n'avaient plus aucune nouvelle de ma part. J'attendais chaque jour avec impatience qu'ils m'écrivent. Je n'avais pas le droit d'aller seule à la poste, d'aller faire les courses. Tous mes faits et gestes étaient contrôlés. Au moins, lire le courrier venant de ma famille m'aurait soulagée.

Maintenant, je suis sur le qui-vive, à chaque minute qui passe. Je n'ai plus le choix que de supplier celui à qui j'avais mal répondu il y a des semaines. Acceptera-t-il de me venir en aide ? Ceci est d'autant plus difficile de savoir que mes enfants sont juste au deuxième étage de l'immeuble, mais que je ne peux pas aller les prendre dans mes bras à cause de leur père qui veut ma peau. J'ai peur, tout mon corps tremble, de la tête aux pieds. Je transpire malgré l'air frais.

À six heures pile, je n'ai plus de temps à perdre. Il faut que je prenne mon courage à deux mains. Je sonne quand même chez nos voisins libériens de peur que Mike me trouve au bas de l'immeuble. Bien que ce ne soit pas un endroit idéal pour moi. Ils étaient les seuls avec qui je pouvais communiquer.

— Allô... ! C'est Célestine ! Votre voisine du deuxième étage... Je voudrais vous demander un service... !

La voix de cet homme dans l'interphone me fait sursauter, bien qu'elle me soit familière.

— Y a-t-il un problème ?

— Non ! Je voudrais vous demander de l'aide, s'il vous plaît !

— Entrez !

Les vingt minutes passées au bas de l'immeuble m'avaient parues interminables. J'avais la trouille.

Je prends immédiatement l'ascenseur et... dès que la porte s'ouvre, j'aperçois notre voisin au fond du couloir debout, devant la porte de son appartement.

— Qui y a t-il ? Vous avez encore des problèmes ? Pourtant ces derniers temps je ne vous entends plus crier.

— Non, justement. Je ne suis plus là depuis plus de deux semaines déjà.

— Ah bon ! Moi aussi j'ai le même problème. Ma femme également est partie de la maison depuis une semaine. Je pense que cette fois-ci, nous allons nous séparer pour de bon. J'en ai marre, je ne veux plus vivre avec une femme qui ne veut pas obéir à son mari. Trop c'est trop. Finalement, toutes les femmes africaines qui vivent en Occident avec leur mari ont toujours des problèmes. Mais au fait, ton mari a l'air sérieux, je le trouve sympa. En plus, il parle peu... Ou bien c'est toi qui le fais tourner en bourrique ? C'est un gars très calme, je trouve.

— Peut-être que vous avez raison. Mais une chose est sûre, je le connais mieux que quiconque.

— Vous, nos femmes africaines, voulez copier les femmes occidentales. C'est pourquoi ça ne marche plus avec vous autres. L'eau va à la rivière, avait coutume de dire mon grand-père... Vous êtes noires de la peau, restez-le dans vos têtes aussi car que vous le vouliez ou pas, nous avons nos coutumes, nos cultures qui sont loin d'être les leurs. Mais vous voulez fonctionner comme elles. C'est pour cela qu'il y a trop de problèmes maintenant dans la plupart des couples africains. Et maintenant, où vis-tu alors ?

— Je suis dans une maison pour femmes battues... Je me suis retrouvée là comme ça, rien ne laissait présager que je devais aller là-bas. Seulement, mes enfants ne sont pas avec moi. J'ai hâte de les voir. Je veux voir mes filles. Aidez-moi, s'il vous plaît ! J'ai envie de les serrer dans mes bras. Elles me manquent énormément. Écoutez ! Si cela ne vous dérange pas, j'aimerais attendre ici dans votre appartement jusqu'à ce que l'occasion se présente. J'espère qu'aujourd'hui un miracle va se produire.

— Mais comment ? Je ne crois pas que cet homme te laissera voir les enfants. De toute façon, ça ne me dérange pas que tu attendes chez moi.

Jamais je n'aurais imaginé un seul instant que ce monsieur puisse tenir ce genre de langage. Maintenant je suis là pour une mission bien précise, le reste m'importe peu.

À dix heures trente, ne voyant pas Mike sortir de l'immeuble, je téléphone et c'est lui-même au bout du fil.

— Allô ! À qui ai-je l'honneur ?

— Bonjour ! C'est moi...! ...Je voudrais voir les enfants demain si tu me le permets... ! Elles me manquent énormément ! À présent... je suis à la banque BBL, je voudrais te rendre le chèque des allocations familiales que l'assistante sociale m'a remis, si tu y tiens toujours ... Mais, nous devrions trouver une solution positive pour nos enfants. Je t'en prie, ne me frappe pas aujourd'hui. Tout ce que je veux, c'est régler le problème à l'amiable.

— Ah oui, tu as réagi un peu en retard, Madame ! Les enfants ne sont plus ici, elles sont loin maintenant. Tu aurais dû y penser depuis longtemps. Mais si réellement tu es venue avec le chèque à la banque BBL, dans ce cas-là, je pourrai aller les chercher demain. À une seule condition : que tu me remettes le chèque d'abord et le reste suivra sans problème.

Ce qui l'intéresse, c'est l'argent. Pas moi, ni ses propres enfants d'ailleurs. Vraiment triste pour un père de sacrifier ses enfants pour de l'argent...

— N'oublie pas, je déteste qu'on plaisante avec moi, souffle-t-il dans le combiné.

Néanmoins, il ignore que ce coup de fil vient juste du quatrième étage de l'immeuble où il se trouve.

J'ai la nausée, mon estomac se contracte douloureusement depuis le matin, je n'ai pas pu boire ne fut-ce qu'un verre d'eau car je suis envahie par la peur et l'angoisse. Je me demande encore si je vais réussir ce coup.

Assise tout près de la fenêtre derrière le voile blanc du rideau, j'attends impatiemment que Mike sorte de l'immeuble. Depuis le quatrième étage, je scrute la porte principale du bâtiment, j'observe tout.

À midi je rappelle pour lui faire comprendre qu'il est vraiment essentiel que nous discutions pour essayer de trouver un terrain d'entente. J'entends alors la voix de ma plus jeune fille en train de pleurer. Ainsi, je suis maintenant sûre que mes filles sont encore là. Je fais quand même semblant de n'avoir rien entendu et ne lui pose aucune question.

— Je suis prête à repartir sur Libreville sans les enfants, Mike ! En plus de cela, je vais te remettre l'argent que je viens de prendre à la banque.

Tout de suite Mike est d'accord. Je sais que mon compagnon adore l'argent. Pour ça, il ne peut pas résister.

— J'arrive dans quinze ou vingt minutes.

C'est comme si je rêvais, je me dis que je délire. Allais-je seulement voir ce que je souhaitais voir toute la journée ? J'apercevais de loin comment mes enfants étaient mal habillées. Elles avaient des têtes ébouriffées. L'essentiel pour moi, c'était de les prendre dans mes bras. Mes filles chéries. Mike tenait les deux filles par la main, comme s'il avait peur que quelqu'un vienne les lui enlever. Je sentis un grand soulagement, une paix intérieure m'envahir...

Je me le rappelle encore, juste après la venue de notre première fille, j'avais constaté que cet homme n'était pas droit dans ce qu'il faisait. Il embrassait trop de choses malsaines dans sa vie... Un jour, lors d'une dispute entre Mike et sa tante paternelle Helena, elle avait lâché une phrase très dénonciatrice qui avait tout de même attiré mon attention. Mike lui avait joué un sale tour. Très en colère, elle n'avait pu retenir sa langue et lui avait fait savoir devant moi ce qu'elle avait sur le cœur.

— Je pensais que tu avais cessé tes mauvaises habitudes ! Finalement, tu ne changeras jamais, avait-elle déclaré avec hargne, sans se préoccuper des gens qui se trouvaient là.

Sur le coup, je n'avais pas apprécié la manière dont elle lui avait parlé, avec un tel mépris.

— Tu n'es pas sincère, pas honnête non plus avec les gens et même avec toi-même. Il est temps que tu cesses de jouer ce jeu, sinon... un jour tout te retombera dessus comme un boomerang, ce qui te fera très mal : ça s'appelle le choc en retour.

Des années ont passé avant que je ne comprenne véritablement les propos de cette femme. Finalement, elle avait raison. Quand je vois ce que Mike est en train de me faire...

En apercevant Mike dehors avec les enfants, je compris que la mission ne serait pas facile. Il se tient sur ses gardes. Il observe autour de lui, croyant que je suis dehors.

— Ce n'est pas aussi facile que tu le crois ! dit mon voisin. Et puis, pense quand même à prendre un petit déjeuner ! Il est presque treize heures, je t'ai préparé une petite tasse de thé et des tartines.

Je les prends volontiers, mais j'ai la tête ailleurs.

Trois quarts d'heure plus tard, Mike est de retour avec les enfants. Il sait maintenant que c'était un piège. À l'instant où je reviens à mon poste d'observation, je n'en crois pas mes yeux. J'aperçois à la porte d'entrée du bâtiment une femme africaine. C'est Laurencienne en personne qui vient voir Mike. Pourtant, rien n'allait plus entre eux, disait-on. Il a donc fallu que je parte de la maison pour que leur amour renaisse ! Mais elle ne reste là qu'une heure ou deux : je la vois ressortir de l'immeuble d'un pas décidé.

Mon voisin décide alors de me laisser seule dans son appartement. Je suis vraiment soulagée de pouvoir mener à bien cette opération de grande envergure.

— N'oublie surtout pas de refermer la porte en partant !, me dit-il.

On ne peut pas penser que cet homme est quelqu'un de violent. Il était doux, gentil, sympa, on aurait dit un ange.

Ouf... ! Tant mieux qu'il soit parti. J'avais peur de lui en effet, je pensais qu'il allait... me violer comme les autres... Maintenant je peux mener à bien ma résolution sans m'en inquiéter. Je suis consciente du risque que je prends.

Il est dix-huit heures quand mon voisin sort de son appartement, je l'aperçois devant la porte principale de l'immeuble et mon courage s'accélère, malgré mon épuisement. À vingt-deux heures, je décide d'appeler le refuge pour que mes camarades ne paniquent pas. Je sais que j'aurai des comptes à rendre à mes assistantes sociales demain matin, mais pour l'instant, c'est la vie de mes enfants qui importe avant tout. À vingt-trois heures, ne voyant toujours pas Mike dehors, je décide encore une fois de l'appeler. Je sais qu'à présent il ne peut pas téléphoner à partir de la maison, parce qu'avant mon départ, nous ne pouvions plus que répondre aux appels entrants et lorsque nous voulions téléphoner, nous étions obligés d'aller dans une cabine téléphonique. Ce qui fait que je vais lui suggérer d'aller appeler son ami ce soir. Peut-être que se sera enfin ma chance...! Et, si les enfants dorment déjà, il ne va quand même pas les réveiller pour aller passer son coup de fil. « Quand on veut, on peut », me répété-je.

Je croise encore les doigts. Si je réussis à emmener mes filles je ne saurai comment exprimer ma joie demain matin. Demain nous sommes dimanche, en plus, quel bonheur de se retrouver avec mes enfants après tant de semaines ! Je me dis que je délire, je me sens dans un état second. Parce que Mike ne laisserait pas les enfants toutes seules dans l'appartement sachant que je peux passer d'un moment à l'autre pour les récupérer pendant son absence.

Et si Laurencienne avait été encore là dans cet appartement, elle aurait pu dire à Mike que j'étais entrée par effraction prendre les enfants. *Cet homme qui m'en veut à mourir me mettra en miettes cette nuit,* me dis-je. J'ai quand même bien fait de prévenir le centre que je suis ici dans cet immeuble. Car s'il m'arrive malheur, on saura où me trouver.

— Allô ! Mike, c'est encore moi. Je voudrais te dire que je suis chez ton ami Annicet à Bruxelles, je suis venue passer le week-end chez lui et je ne rentrerai que demain soir au centre.

Avant que je puisse continuer, il m'interrompt.

— Tu crois que tu auras ces enfants ? Tu perds ton temps ! Sache que demain elles iront chez leur mère adoptive et tu n'as rien pour prouver que ces enfants sont les tiens, tu m'entends ! Tu perds ton énergie pour rien, je te le répète encore. Je suis allé à la banque comme tu m'avais dis. Tu n'étais pas là. Tu pensais peut-être que j'allais laisser les enfants dans l'appartement pour que tu me les kidnappes ? C'était un piège, n'est-ce pas ? Tu m'as tendu un piège et malheureusement pour toi, ça n'a pas marché.

Il est fou furieux. Je le laisse tout d'abord vider sa colère et puis je lui suggère de téléphoner à son ami Anicet.

— Je sais que tu es en colère après moi ! Ne trouves-tu pas que nous puissions régler ce conflit une fois pour toutes ? Je crois que c'est important. Écoute ! Anicet veut que tu l'appelles ce soir. Il attend ton coup de fil maintenant, pour convenir de l'heure à laquelle nous allons nous retrouver, parce que demain soir, je repars au centre. J'ai demandé une permission d'un jour. Comme tu sais, il ne peut pas te téléphoner depuis chez lui à la maison, mais il reçoit les appels.

C'est le silence total au bout du fil.

— Allô... Oui. Je vais y réfléchir.

Je prie alors mon Dieu de le voir sortir de l'immeuble et je décide de ne pas passer un second coup de fil, sinon mon plan restera sans succès. J'attends. Il est vingt-trois heures cinquante, je surveille ma montre à chaque minute qui passe et mon regard est rivé sur l'entrée du bâtiment. J'ai peur et je me demande ce que les assistantes sociales vont penser de moi.

Je décide ensuite de sortir de l'appartement de mon voisin pour aller au troisième étage afin de surveiller les claquements des portes et les pas des gens. Je suis assise à même le sol juste au-dessus de notre appartement, je peux même apercevoir les silhouettes de tous ceux qui circulent à l'intérieur du bâtiment, dans les couloirs.

Cinq minutes seulement se sont écoulées, oui, cinq, pas plus, avant que j'entende une porte s'ouvrir au fond du couloir. Je reconnais le bruit de notre porte. Du coup, mon cœur bat à tout rompre. Mike avance dans ma direction, à pas feutrés comme un chat, sans qu'il s'aperçoive du danger. Il reste plus de trois minutes juste au-dessous de moi. Il lève la tête comme s'il se doutait de quelque chose, comme s'il humait l'air pour sentir mon odeur. Tout mon corps tremble de peur, mais il va falloir que je conserve mon courage. Je savais que je n'avais plus rien à faire avec un immoral comme lui.

J'essaye de garder le calme malgré la tension qui monte, mais mon cœur bat de plus en plus fort et je me demande si mes battements n'arrivent pas jusqu'à ses oreilles. « Quand on veut, on peut. »

Au bout d'un moment, il décide enfin de descendre par les escaliers. Je remonte immédiatement dans l'appartement de mon voisin pour surveiller la rue par la fenêtre. Je sais que c'est un grand risque que je prends. Quelques minutes plus tard, j'aperçois Mike à l'entrée du bâtiment. Il semble hésitant, perplexe. Je redouble mes prières. Jamais de ma vie je n'ai prié avec autant de puissance et de foi...

Il traverse la grande route et s'arrête à la cabine en face de l'immeuble. Du moment qu'il y a quelqu'un dans la cabine, il devra attendre. Je dévale les deux étages. Tout mon corps tremble. Je tremble tellement que je fais tomber les clés devant la porte de notre appartement. Je parviens enfin à ouvrir la porte. Je fonce tout droit vers la fenêtre qui donne sur la rue pour vérifier si Mike est toujours de l'autre côté. Apparemment, le monsieur qui est dans la cabine téléphonique ne lui a pas encore cédé la place. Mais je dois faire vite avant qu'il ne me trouve là.

— Les enfants ! Réveillez-vous... ! C'est maman, je suis venue vous chercher ! Nous devons faire vite avant que papa ne soit de retour !

J'ai juste eu le temps de prendre les deux petites robes de mes filles puis de ressortir en courant.

— Où est-ce qu'on va, Maman ! me demande ma plus petite fille qui a à peine trois ans.

— Je vous le dirai plus tard ! Nous devons nous dépêcher... Surtout ne pleurez pas, vous êtes avec maman ! N'ayez crainte !

Mes filles commencent à comprendre les choses, elles savent que si leur père me trouve là, il va me frapper comme d'habitude. Mais moi je sais qu'il peut me tuer s'il me trouve dans son appartement.

Avant de sortir je veux encore m'assurer qu'il est toujours devant la cabine téléphonique et je jette un coup d'œil. Maintenant, je peux y aller. Je ne peux pas prendre l'ascenseur, car je risque de le croiser au bas de l'immeuble. Portant mes deux bébés dans les bras, je dévale les escaliers à toute vitesse, je ne veux pas non plus prendre le risque de sortir de l'immeuble pendant qu'il est encore dehors.

Au rez-de-chaussée, il y a une petite pièce à l'entrée de l'immeuble où l'on met des sacs poubelles. Je m'introduis à l'intérieur avec mes enfants sans me préoccuper des odeurs nauséabondes ni des débris de verres et des matelas crasseux qui s'y trouvent... Ce qui est important pour moi c'est d'avoir réussi le coup. Je ne savais pas que j'avais autant d'énergie et de rapidité.

Il fait frais en cette soirée malgré la saison. Je mets les petites robes aux enfants et nous attendons que Mike rentre pour filer à l'extérieur du bâtiment. Mais je me rends compte tout à coup que ce serait difficile pour moi de porter les deux enfants dans les bras jusqu'au centre et décide de repartir au deuxième étage pour chercher un morceau de pagne.

— Écoutez-moi, mes filles ! Je vais remonter au deuxième prendre un pagne pour mettre l'une de vous sur mon dos, sinon je ne saurai pas courir avec vous deux dans les bras. Surtout ne faites pas de bruit, ne pleurez pas, ne criez pas non plus, je reviens tout de suite. Même si vous entendez papa vous appeler, ne répondez pas. Il risque de se fâcher contre moi.

Elles ont tellement froid, tellement peur qu'elles tremblent.

Même tactique, je vais d'abord en premier vers la fenêtre pour m'assurer que Mike est encore de l'autre côté de la rue. Il est à l'intérieur de la cabine téléphonique, sûr et certain qu'Anicet lui a déjà dit que je ne suis pas chez lui à Bruxelles. Rapidement, je saisis mon pagne et repars en courant par les escaliers. J'ai à peine le temps de refermer la porte de la pièce où nous nous blottissons, juste deux minutes seulement, que j'entends la voix de Mike : « Merde, dit-il en courant à grand pas, je vais te tuer, crois-moi...! » Il pense que je suis encore dans l'appartement. Le reste, je n'ai plus envie d'entendre, ce qui compte pour l'instant c'est partir vite, très vite avant qu'il ne me rattrape. Je crains pour mes enfants, mais pour moi aussi car la phrase qu'il vient de prononcer laisse comprendre que s'il me retrouve, il me tuera sans attendrissement.

À présent, il n'y a que moi pour sauver la vie de mes enfants et la mienne.

Je sors alors à vive allure avec mes deux filles, l'une sur mon dos et l'autre dans mes bras. Je traverse la rue Tiensestraat en courant sans me préoccuper des voitures qui passent. Il serait imprudent de ma part de marcher le long de la route Certainement, il sera à ma poursuite.

Deux jours auparavant, j'avais eu la précaution d'inspecter les pistes avoisinantes dans le quartier pour étudier le plan : par où passer pour ne pas me faire repérer par cet homme si jamais je réussissais à prendre mes enfants. Finalement, cela fut très avantageux...

Dans l'obscurité, je cours, cours comme un lièvre, sans arrêt, je ne veux même pas me retourner pour savoir s'il est derrière moi. Je ne réalise probablement pas les ennuis que j'aurais avec la police et peut-être avec le juge de paix par la suite...

Je suis épuisée, essoufflée, j'ai peur de m'évanouir sur le chemin avant d'arriver. Alors que je courais toujours, je vis un homme qui marchait avec une petite fille, elle devait avoir cinq ou six ans. Il se dirigeait vers sa voiture. Je le suppliais de me déposer à deux rues près de là et je lui explique brièvement que je cours parce que je suis en danger, que mon mari me poursuit. Il refusa. « Je ne peux pas Madame... Je ne veux pas me faire lyncher par votre mari... Mais, je vous souhaite tout de même bonne chance ! »

Au moment de franchir la clôture, pour ensuite traverser la rue qui donne face à la nôtre, à quinze mètres du centre, ma plus grande fille me dit : « Maman ! Regarde papa là-bas. » Heureusement, nous sommes dans le noir, il ne nous a pas vues. Je n'ai que le temps de me baisser, puis je commence à ramper jusque derrière une grande maison. Nous restons là, dans le noir, bien à l'abri. Il ne peut pas nous voir, à moins qu'il ne traverse ce sentier macadamisé pour nous surprendre.

Je suis stupéfaite. Connaissait-il cet endroit... ? Je n'en reviens pas. Comment a t-il pu découvrir ce centre pourtant bien caché...? Non ! Je rêve... J'entends sa voix de loin et les coups qu'il donne sur la porte. Il hurle, jure, me maudit.

— Ouvrez-moi vite cette maudite porte ! Sinon, je vais la défoncer !

Toutes les femmes à l'intérieur sont terrifiées, elles savent déjà que ça ne peut qu'être mon compagnon, pas par sa couleur mais parce qu'elles avaient constaté mon absence toute la journée, et parce que je leur avais téléphoné en disant que j'allais tenter ma chance pour récupérer mes filles.

Je ne parvins plus à ouvrir les yeux, c'est comme s'il était déjà en face de moi. J'ai peine à parler, je prie en silence que Dieu vienne nous sauver, que les forces de l'ordre arrivent immédiatement à notre secours. Les enfants et moi tremblons de peur et de froid. Il a fallu vingt minutes avant que la police et la gendarmerie n'arrivent. Deux fourgonnettes sont sur place. Mike continue de s'agiter, de jurer, de crier comme un fou. Les policiers lui demandent de déguerpir. Il leur répond qu'il ne partira que lorsqu'on lui remettra ses enfants.

— Dites à cette femme de me rendre mes enfants ! Sinon, je ne partirai pas.

— Savez-vous que vous n'avez pas le droit de venir ici, Monsieur ? Si vous ne voulez pas qu'on vous ramène de force chez vous, vous devez maintenant partir. C'est un ordre, Monsieur !

Mike continue de s'agiter, de crier, de jurer et tous les mots grossiers fusent. Les policiers décident alors de le mettre de force dans une des fourgonnettes.

C'est alors que j'ai pu avancer vers l'entrée du refuge avec mes enfants. Toutes mes camarades ne comprennent pas comment j'ai pu prendre ce genre de risque en sachant que mon compagnon est un fou. À la fin, on m'a félicitée par mon courage. Toutes me disaient qu'elles n'auraient jamais le courage que j'ai, bien que leurs enfants soient restés aux mains de leur mari et qu'elles savent qu'elles subissent certainement des violences de tout genre. Ma réponse a été « Quand on veut, on peut. » Pour mes enfants, je sacrifierais ma vie s'il le fallait.

Cette histoire que je raconte n'est pas de la science-fiction. Ce n'est pas une histoire imaginaire. Je l'ai vécue il n'y a pas très longtemps. Et je la revis encore aujourd'hui, malgré les efforts que j'ai pu fournir pour essayer de radier tous ces mauvais souvenirs qui me hantent sans arrêt.

Les assistantes sociales furent étonnées de ma détermination et de mon courage. Elles me félicitèrent d'avoir réussi à récupérer mes filles, sans l'aide de qui que ce soit. Mais elles m'interdirent néanmoins de recommencer ce genre d'aventure qui risque un jour de me coûter la vie. Je pense qu'elles avaient parfaitement raison. Seulement, l'amour de mes enfants est plus fort que moi...

Au fond, le reste me préoccupait peu. Laurencienne avait usurpé mon identité, elle avait réussi à prendre mon mari... Mais, cela n'avait pas d'importance car mes enfants passaient avant tout ça. Je devais absolument mener ce combat jusqu'au bout, même si mes chances de vaincre mes ennemis étaient minimes, voire impossibles.

Mon estime en moi dégringolait. La peur d'affronter les autorités et les institutions me rendait malade, j'en suffoquais à chaque lever du jour. Étant donné que j'étais moi aussi mêlée à cette fraude et cette honteuse histoire. Qu'on le veuille ou non... le système judiciaire est malheureusement parfois compliqué et long. Avant qu'on ne découvre le vrai coupable, ça peut prendre plusieurs mois et parfois des années – ce qui fut le cas d'ailleurs. Mais en attendant, on vit une affreuse torture cauchemardesque : les représailles, les intimidations et les pressions de tous les jours. Ça fait mal d'admettre en être arrivée là...

★
★ ★

Il m'a fallu des années pour découvrir ce qu'était effectivement un pervers narcissique. Une vie très dure que Mike m'a menée, un châtiment que je n'avais pas voulu recevoir de la part de cet homme. Mon compagnon m'a fait subir une saloperie de violence insidieuse au tout début de notre histoire qui, par la suite, est devenue brutale à la fois moralement et physiquement, une violence injustifiée. Cette violence broyait mon intérieur, mois après mois, année après année. Plus tard, j'ai voulu me rebeller, mais il a su me ramener à l'ordre, me rappelant qu'il était le roi, le seul chef dans la maison en employant encore plus de force, plus de violences, encore et encore. Il a volé mon corps de femme durant toutes ces années. Le cœur de Mike était insensible à la souffrance qu'il m'infligeait. Dur comme une pierre. « Ouais. »

Grâce à mes enfants, j'ai encore envie de résister. Je ne veux pas mourir maintenant. Je sais que mes enfants m'aiment et c'est le plus important. Je veux encore exister pour eux et aussi pour moi. Ils ont besoin de mon amour, de ma chaleur, de ma présence pour bien grandir. Je veux les protéger de toutes ces atrocités dont j'ai été victime moi-même. Les couver comme une poule protège ses petits. Quand j'y pense, il arrive que j'en veuille à ma mère qui n'a pas pu me protéger de tous ces gens qui ont brisé mon enfance. Pourtant, elle n'y est pour rien. Elle aussi a été une victime comme moi. Son enfance n'a pas été aussi rose que je le pensais. Sa vie a été brisée comme un vase et elle en a porté les séquelles le restant de sa vie. J'admire son courage car malgré ce qu'elle a vécu, elle reste forte et à jamais déterminée à lutter dans la vie. Elle ne m'a jamais montré sa frustration, ni sa haine envers ceux qui l'ont violée et lui ont volé sa dignité. Mais je sais qu'à l'intérieur, elle est fracassée, brisée autant que moi, malgré les années qui se sont écoulées.

Ma maman m'a raconté une histoire qui lui est arrivée quand elle avait cinq ans. À cette époque ses parents étaient encore en vie. Ayant vécu pendant des années dans cette forêt équatoriale, vers Mabanda dans le département de la Doutsila dans la Nyanga au Gabon, ses parents décidèrent juste après la naissance de leur dernière fille, donc de ma mère, d'aller s'installer à Nzinga dans un petit village au sud du Gabon, proche de la frontière Congo-Gabon. Auparavant, cette terre appartenait à mon arrière-arrière-grand-père. Car mon arrière-arrière-grand-mère était originaire de Ndendé au Gabon dans la province de l'Agounié.

Un jour, alors qu'elle jouait dans la cour avec d'autres enfants, en pleine journée, des hommes se sont approchés d'elle et lui ont demandé où se trouvaient ses parents. Elle leur répondit : « Ils sont aux champs. » Ils lui ont alors demandé de les suivre.

Ils l'ont amenée dans une forêt où l'un d'eux a pris sa machette pour lui couper le petit orteil du pied gauche, pendant que les autres la tenaient avec force. J'imagine ce qu'elle a pu vivre. Elle ne m'en a pas dit plus. Après un bref silence, elle reprit avec peine son récit en ajoutant que ces hommes ont quand même eu le réflexe de la raccompagner proche du village avant de. disparaître dans la nature. Cette confidence aussi brutale et aussi brève qu'elle ait été en dit long sur ce qu'elle avait pu endurer.

Elle ajouta : « Je ne veux pas réveiller les mauvais souvenirs, ça empêche d'évoluer. »

★
★ ★

Je ne suis pas née dans un hôpital, sur un matelas et un lit en métal. J'ai poussé mes premiers cris sur des feuilles de bananier dans un village appelé Ndendé, à la frontière Congo-Gabon, où travaillait mon père à cette époque. Mais, sur ma carte d'identité, il est écrit « née à Tchibanga » car la déclaration de ma naissance s'est faite à Tchibanga, dans la province de la Nyanga, d'où ma mère est originaire. Il me semble que c'est pour des raisons qui sont les leurs.

Mon père à épousé ma mère dans son village natal au sud du Gabon, plus précisément à Nzinga où vivaient encore mes grands-parents, alors qu'elle n'avait que quatorze ans. À seize ans, elle m'a mise au monde.

Maman m'a toujours appelée Bakanatsoni, ce qui veut dire « la honte à eux ». Je ne comprenais pas pourquoi elle m'avait surnommée ainsi. Sur mon acte de naissance, il est écrit Mavoungou Célestine. Alors un jour je lui demandai ce que signifiait ce nom, Bakanatsoni. Je venais à peine d'avoir mon premier fils Cédric. J'avais dix-huit ans. Elle m'a répondu « C'est compliqué, ma fille. Un jour, toi et moi prendrons le temps de nous asseoir et je te dirai pourquoi. » Mais plusieurs mois se sont écoulés et j'attendais toujours ses explications.

— Tu me promets tout d'abord de ne jamais dire à qui que ce soit le secret que je vais te dire.

— Promis, Maman ! Jamais je ne le dirai à qui que ce soit.

— J'avais seize ans lorsque je t'ai mise au monde. Le jour de ton accouchement, j'ai été assistée par deux femmes, derrière la maison. Ton père était absent ce jour-là. Il était parti en voyage. Pourtant il savait que l'accouchement approchait.

— Il était parti où, Maman ?

— Ton père était parti en voyage d'affaires. Donc, j'ai eu des contractions dans la matinée, un jour après que ton père est parti. Mais puisqu'il n'y avait pas de téléphone à cette époque, comment pouvais-je le joindre ? Ainsi l'accouchement s'est passé sans lui. Et même s'il avait été là, ça n'aurait d'ailleurs pas changé grand-chose. Parce qu'un homme ne pouvait assister à l'accouchement de sa femme. Pour nous c'est interdit, et même dans les hôpitaux c'est comme ça. L'homme attend à l'extérieur jusqu'à ce que l'on vienne lui donner son bébé dans les bras, une fois l'accouchement terminé.

Malgré toutes ses explications, je n'étais pas encore convaincue de ce qu'elle me racontait.

« Le jour où tu es sortie, tu avais le cordon ombilical enroulé deux fois autour du cou et ensuite, ce cordon passait sous ton bras. Ça a donc été difficile de te sortir de mon ventre. Au bout du compte, l'accoucheuse et ma grande sœur ont réussi après plusieurs tentatives. Les deux ont cru que j'avais un seul bébé. Elles ont coupé le cordon ombilical et quelques minutes plus tard le placenta est sorti. Après qu'elles m'aient lavée avec de l'eau chaude, j'ai senti qu'il y avait quelque chose qui bougeait dans mon ventre. Elles ne m'ont pas crue. Pour elles, c'était le sang. Et comme c'était une première dans ma vie, je ne pouvais qu'observer, attendre ce qui allait suivre. Je n'ai pas dormi de la nuit parce que j'avais mal au ventre. Je hurlais de douleur et le sang continuait à couler. L'accoucheuse était rentrée chez elle, disant que j'étais une fainéante. Le lendemain matin, nous sommes allées derrière la maison avec ma grande sœur, afin d'appuyer sur mon ventre pour que le sang sorte davantage et là, c'est la tête du bébé qui est apparue. Je n'ai pas arrêté de pousser jusqu'à ce que le bébé soit complètement dehors. J'ai accouché d'une autre petite fille. Mais le bébé était sorti mort-né. Ta tante ne voulait pas qu'on mette les gens au courant, parce qu'elle ne voulait pas qu'on la tienne pour responsable. Elle m'a dit : "Anne, nous allons enterrer ce bébé sans le dire à personne. Connaissant ton mari, si on le lui disait, il nous ferait des problèmes." C'est ce qu'elles ont fait. Elles avaient peur que mon père les accuse d'être responsables de la mort de l'un de ses bébés. Quand une femme accouchait et que le bébé mourait à la naissance, on accusait la femme elle-même d'être la coupable.

« Ton père et ma grande sœur ne s'entendaient pas parce que ton papa suivait une autre femme et m'abandonnait chaque fois seule. Il y avait toujours des tensions entre eux. Deux mois après ta naissance, ton père a décidé d'amener une seconde femme à la maison. J'étais incapable de lui dire que je ne voulais pas d'une rivale à la maison. Et de toutes façons, lorsqu'un homme décide de prendre une seconde épouse, la première femme ne peut qu'accepter l'autre. »

Maman a gardé ce secret au fond d'elle. Elle savait que si elle en parlait, son époux la quitterait définitivement et sa relation avec sa sœur serait aussi rompue.

Ma tante est morte fin août 2007. C'est à ce moment-là que ma mère a osé parler librement de son terrible secret. Elle m'a raconté au téléphone qu'elle s'en était voulu de ne pas avoir eu le courage de le faire plus tôt. Et que si c'était à refaire, plus jamais elle ne garderait de lourd secret. Parce que ça vous gâche toute votre existence.

Je n'en ai jamais parlé à Mike. Sinon, il m'aurait évidemment tenue responsable de la mort de ma sœur jumelle.

Maman m'a surnommée Bakanatsoni parce qu'elle voulait que sa grande sœur comprenne qu'elle avait fait une erreur en l'obligeant à garder le secret alors qu'il s'agissait bien de sa propre fille.

J'ai répondu à maman que je comprenais mieux pourquoi ma tante ne m'appréciait vraiment pas. J'avais remarqué qu'elle m'accusait de tout, même lorsque quelque chose s'était passé pendant mon absence, c'était toujours moi qu'elle jugeait coupable en premier.

IX

IL Y AVAIT DES RUMEURS à mon sujet. À cette époque, dans la ville de Leuven, on voyait moins d'Africains. Presque tout le monde était au courant de ce qui se passait chez les uns comme chez les autres. Les informations circulaient vite, aussi vite que le vent. De bouche à oreille, la nouvelle a été vite propagée. Et cela me gênait beaucoup. Les gens savaient que je possédais une pièce d'identité qui n'était pas la mienne, bien que ce soit mon nom qui y figurait.

Laurencienne, enragée de savoir que je détenais « sa carte d'identité » et que nous avions réussi à mettre ma photo dessus, avait répandu la nouvelle. Que nous le voulions ou pas, elle était incontournable. Elle avait tous les pouvoirs en main. Les papiers, les enfants et le mari. Légalement, elle passait avant moi.

Ce changement d'identité ne m'avait pas réjouie non plus, bien que ma nouvelle identité me serve de bouée de sauvetage. Je me sentais libre sans réellement l'être. Le risque était toujours là. J'étais loin d'être sortie de l'auberge.

Cette situation m'avait été imposée. Je ne devais que dire oui à tout... Parce que tout simplement, Mike était mon chef et donc, je devais me soumettre entièrement à ses ordres et à ceux de ses complices... Je ne faisais qu'obéir, obéir, obéir... Tout le temps.

À l'époque, je n'avais pas d'amies et personne en qui je pouvais avoir une confiance absolue, en dehors de mon ami Piero. Personne d'autre à qui je pouvais de temps en temps parler de mon calvaire, de mes malheurs. Il était plus aisé pour moi de dire « tout va bien » aux autres, mais aussi à moi-même plutôt que de reconnaître ce qui n'allait malheureusement pas... Au risque de perturber encore plus l'équilibre familial qui n'existait même pas.

Mike me tenait comme un oiseau en cage : chantages, menaces, coups, viols, humiliations de toutes sortes, ce sont des outils qu'il utilisait pour que je ne lui échappe pas, pour que je ne me rebelle pas. Il savait que j'étais craintive de nature. Il employait donc tous les moyens possibles pour me montrer comme l'instigatrice de toutes ses manœuvres frauduleuses. Tous ceux qui nous connaissaient le prenaient pour quelqu'un de très gentil, de très doux et surtout quelqu'un qui ne ferait même pas de mal à une mouche. C'est moi qui soi-disant étais la vraie méchante, c'est moi qui n'étais pas une femme honnête et qui voulais porter la culotte à la maison, c'est moi qui lui avais fait tout ça. Seulement, tous ces gens ignoraient mon calvaire, personne ne pouvait comprendre ce qui se passait réellement dans notre petit appartement.

Concrètement, je ne leur en veux pas. Tous ont pris cette position envers moi parce que Mike leur laissait entendre que je le faisais souffrir. Aux yeux de tous ces gens il était la victime alors que c'était tout le contraire. Ce n'est que des mois plus tard, lorsqu'il a commencé à me frapper dans les rues que, petit à petit, la vérité a fini par éclater au grand jour.

Après tous ces faits, dès questions me trottent l'esprit : rester dans la maison de femmes battues ? Fuir sans papiers avec les enfants ? De toute évidence, il peut aussi faire apparaître ma photo au journal télévisé en déclarant que j'ai kidnappé ses enfants. On m'arrêterait pour enlèvement d'enfants et séquestration, faux et usage de faux. Puis une sentence lourde à mon encontre serait prononcée. Et il est certain que je purgerais une peine d'emprisonnement ferme, allant d'une année au moins à cinq ans. « Pauvre clandestine ! » Et les enfants, je les perdrais sûr et certain pour de bon. Ce faux couple aurait la garde légale de mes filles.

Je dois lutter contre tous ces gens pour ne pas être séparée de mes enfants. Je me suis engagée dans un combat dans lequel dès le départ je partais perdante. C'est un combat apparemment sans fin, un vrai défi à relever.

Des colères qui dépassaient la dimension du problème, de manière disproportionnée. Un petit rien le mettait hors de lui.

Chaque jour, c'était la même chose. Mike exerçait des tensions sur moi. Dès l'aube, je me demandais toujours comment j'allais passer la journée. Car, il n'était pas rare de voir un nouveau problème surgir, quelque chose qui venait gâcher ma journée.

Je n'aurais jamais cru à une telle violence, une telle horreur après lui avoir donné des enfants et mon amour. J'ai attendu longtemps avant d'avoir le courage de porter plainte contre mon compagnon. J'avais peur à cause des représailles, peur du poids de la culpabilité, peur de faire mal à quelqu'un que j'aimais malgré tout. Je ne voulais pas lui faire mal autant qu'il m'en faisait. Pourtant, lui, de son côté, n'a jamais eu le moindre souci de me faire subir la torture, ni la moindre culpabilité, ni encore un minimum de respect à mon égard. Il n'avait rien à faire de ma vie qu'il mettait en danger chaque jour, qu'il détruisait chaque seconde, chaque minute et chaque heure... Rien.

Des choses épouvantables et injustes se passent dans le monde sans pour autant que personne ne soit au courant. Beaucoup de gens vivent avec la peur parce qu'ils sont en proie au chantage. Certains d'entre eux disparaissent sans laisser de traces, éliminés en silence sans même qu'on s'en aperçoive. D'autres préfèrent changer de pays et d'identité pour ne pas être retrouvés par leurs bourreaux.

Il incombe à la personne touchée d'aller elle-même porter plainte. Il faut en effet mettre la main sur ceux qui vous persécutent et vous terrorisent. Même si l'on se reproche quelque chose, en pensant qu'il y a des choses parfois que les gens font sans vouloir le faire. C'est un jeu vraiment dangereux de faire chanter quelqu'un. Bien souvent, la victime se tait et souffre en silence avec la peur qui la hante minute après minute, heure après heure. Et cela peut durer des années encore avant que le problème ne soit divulgué. Il n'est pas surprenant de voir dans le milieu africain des gens s'adonner à des jeux pareils.

En temps de paix, on se dit tout, on peut tout faire ensemble. En temps de conflit, on est prêt à enterrer l'autre vivant. C'est ce que nous, Africains, vivons au quotidien.

Ainsi, je suis arrivée au mauvais moment au mauvais endroit. Pour Laurencienne, Alan et Mike, ma venue a été, d'un côté, une chance, une libération. Je les ai mis dans une situation qui leur a été bénéfique. Mais pour moi, ça a été le début d'un véritable cauchemar. D'un autre côté, je devenais gênante dans ce pays car je pouvais compromettre leur bonheur à tous. Après leur avoir fourni ce dont ils avaient besoin, je ne leur étais plus d'aucune utilité. S'ils avaient eu l'occasion à ce moment-là de me faire disparaître sans que quiconque s'en aperçoive, ils l'auraient fait sans compassion. Seule la chance a fait que j'ai eu la vie sauve... Je me demande encore aujourd'hui si la présence de mes enfants n'a pas contribué à ma protection.

★

★ ★

Je ne peux même pas joindre mes parents par téléphone pour leur parler de mon calvaire. Et de toute manière, à quoi ça servirait d'écrire à mon père qui ne me croirait peut-être pas ? Il fait confiance à son beau-fils plutôt qu'à sa fille. En tant qu'Africaine, je n'ai pas le droit de divorcer pour des raisons que mon père ne considère pas dramatiques. J'ai un seul droit, celui de me taire pour faire plaisir à ma famille. Une vraie femme c'est celle qui sait supporter tout : les coups, les insultes et les humiliations font partie de la vie conjugale. Si j'accepte cette formule, je ferai le bonheur de mon pauvre papa. Mon père ne peut pas comprendre que sa fille veuille quitter son compagnon parce qu'il est infidèle, parce qu'il est violent ou encore parce qu'il l'insulte et l'humilie devant d'autres femmes qui sont ses maîtresses. Étant donné que lui-même vit avec plusieurs femmes sous le même toit, malgré son niveau d'études avancé.

La coutume africaine et ses interdits s'appliquent aux femmes surtout. Quand le foyer va mal, c'est la faute de la femme. On la culpabilise, la réprimande, la rabaisse, l'humilie pour qu'elle comprenne que c'est elle qui doit faire en sorte que son époux ne la frappe plus. Et donc, le problème c'est elle. Si la femme décide de changer de comportement, le mari aussi change le sien. D'ailleurs, dès le premier jour du mariage on vous le dit déjà que si votre foyer échoue un jour, il faudra prendre vos responsabilités. Ce qui revient à dire que ce ne sera pas la faute de l'homme et que vous êtes « avertie ». Une femme ne peut pas tenir tête à son mari... Et encore moins à sa belle-famille. On ne parle d'infidélité que lorsque la femme a trompé son mari. Par contre, si l'homme a une maîtresse ou s'il épouse une deuxième femme, c'est normal aux yeux de tous. Jusqu'à aujourd'hui, la femme noire est considérée comme une bonne à tout faire. Cuisine, ménage, repassage, s'occuper de sa belle-famille et de son mari... Et ensuite faire des enfants. Sinon, le mari vous répudie. Bien souvent, c'est à l'homme que revient le dernier mot, une femme ne doit jamais dire à son époux que c'est fini...

Dans la maison de mon père, le nettoyage des casseroles était la tâche des filles. Les garçons, eux, étaient là pour manger et surveiller leurs sœurs. Le moindre mauvais geste pouvait nous coûter très cher.

— Tu es là pour t'occuper des enfants et de la maison mais le reste ne te regarde pas, me disait Mike. Tu dois fermer les yeux si tu veux rester longtemps dans ce foyer. Sois soumise, respectueuse envers ton mari et ta belle-famille, et tout ira comme sur des roulettes !

Le divorce est un sujet tabou dans la plupart des familles africaines. C'est une honte de voir sa fille demander le divorce. De toute manière, il y a toujours un membre de la famille qui intervient pour vous faire revenir sur votre décision ; la famille de l'épouse doit tout faire pour empêcher le divorce. Quels que soient les motifs que la fille peut avancer, elle n'aura jamais raison. Généralement, ses raisons sont minimisées, elles ne seront prises en compte que lorsque le pire arrive, l'irréparable. Du moment qu'on est en vie, tout va bien, et la vie continue avec ses désenchantements, ses déboires et ses déceptions. Comme les parents ont déjà pris la dot, il serait difficile qu'ils acceptent la séparation.

Ils considèrent ça comme une défaite, c'est déshonorant et humiliant. Ainsi, une fois que l'homme a versé la dot à sa belle-famille, il se sent en sécurité. Et il sait que sa femme ne pourra pas demander le divorce avant longtemps, parce que la femme vivra avec cette culpabilité et la peur de décevoir ses proches et les gens qu'elle aime, la peur du « qu'en dira-t-on », la peur d'être rejetée par les siens – tout cela est lourd à supporter. Ce qui fait qu'un mari violent ou qui a de sales attentions aura tout son temps pour bien détruire son épouse, que ce soit au niveau physique ou psychologique. Lorsque le mari abandonne son épouse, il est presque sûr que personne ne la regardera plus avec toute la marmaille d'enfants qu'il lui a laissée. Pire encore, si l'âge de la femme est déjà avancé, le mari se réjouit d'avoir abandonné une épave. Les chances de trouver un autre mari sont moindres.

Je savais au préalable que la bataille serait longue et dure vu l'ampleur des faits, qu'elle demanderait du courage et de la détermination. Mais je voulais absolument que la vérité éclate avant que je ne sois expulsée dans mon pays d'origine. Quoi qu'il arrive, je ne baisserais pas les bras, même après le jugement s'il le fallait. J'irais jusqu'au bout de ce combat.

Mike souhaite me voir souffrir d'une dépression afin que je sois hospitalisée en psychiatrie. Je sais pertinemment que je suis seule face à tout un groupe de bandits, seule face à tous les obstacles, face aux difficultés que je rencontre jour et nuit, je ne dois compter que sur moi-même pour récupérer ma liberté, ma dignité et ma tranquillité. C'est moi qui connais la personne avec qui je vis, pas ma famille. Mike a le soutien incontestable de mon père. Les deux hommes semblent être sur la même longueur d'onde, ils s'écrivent régulièrement. Cela donne encore plus de courage à Mike pour me battre souvent. Il sait que personne ne m'écoutera et que personne ne me croira.

— De toute façon, tu n'es qu'une folle, une chercheuse d'ennuis, une fabulatrice. Personne ne peut croire en tes mensonges. Tu n'es qu'une cinglée, ma chérie ! Tout le monde sait que tu dois aller en psychiatrie te faire soigner. Je t'enverrais là-bas ! Là où on soigne les fous. T'as besoin d'une bonne cure de médicaments, assurait-il avec un sourire moqueur...

Mon compagnon a réussi à me mettre en désaccord avec mon père depuis des années. Se servant de quelques informations que je lui avais confiées concernant ma famille, Mike écrivait à mon père pour lui faire part de ce que je lui avais dit. À partir du moment où nous ne fûmes plus ensemble, Mike voulait que ma famille aussi me rejette comme lui l'avait fait.

— Toute ta famille ne veut plus entendre parler de toi. Et d'ailleurs, l'une de tes cousines m'a confié un secret. Tu veux que je te le dise ? T'es comme ta mère qui a fait souffrir ton père. C'est tout ce que j'avais à te dire, ta famille m'en a informé !

— Aucun membre de ma famille ne peut te dire des choses mauvaises sur ma mère, c'est une femme formidable. Dorénavant, je t'interdis de fréquenter ma famille ! C'est la mienne et tu n'y peux rien !

Mike était décidé à « foutre le bordel » dans tous les endroits où je passais pour se venger de moi. Pourvu que tous ceux qui me fréquentent se retirent, m'isolent. Devant mes proches, pareil. Il voulait me salir à tous les niveaux. Prêt à tout, déterminé.

Et pourtant, il ne présente pas l'image d'un homme violent, il semble plutôt doux et timide. Contrairement à ceux qui donneraient l'impression contraire de par leur corpulence ou leurs gestes. Il arrivait même parfois que les gens me demandent si je n'inventais pas tout ça. Jusqu'à ce qu'un jour on me trouve en pleine rue en train de me faire tabasser – par lui bien entendu.

Il m'a fait passer pour une folle auprès de ses connaissances et amis, des psychiatres pour me ridiculiser, et surtout pour que l'on ne me croie jamais. C'était sa façon de me rendre coupable devant tout le monde. Mais au lieu que ce soit moi que la justice enverrait voir un psychiatre, c'est lui qui en définitive allait être condamné à suivre une thérapie chez un psychiatre à Bruxelles. C'était lui le fou qui me suivait partout ! C'était lui le fou qui, chaque fois, me laissait nue devant les gens, dans les rues comme dans les écoles où mes enfants étudiaient... Et c'était lui le fou qui ne voulait pas respecter toutes les décisions que la justice belge rendait à son encontre. Ce qu'il pensait de moi, en fait c'était son reflet à lui qu'il voyait.

J'ai été enfermée dans le mutisme du secret et de la honte avec le poids de la culpabilité. Aujourd'hui, j'ose briser le mur du silence face à toutes les injustices dont j'ai fait l'objet. Je suis une victime que la vie n'a pas épargnée de tous les malheurs, de toutes sortes de calamités dès mon plus jeune âge...

J'avais confié à Mike un secret qui est un tabou dans ma famille. C'est comme si l'histoire est trop douloureuse et en parler ferait trop de peine à tout le monde. Je lui avais expliqué comment la mort de mon petit frère est survenue. Et que cette mort m'a beaucoup secouée. La mort de mon frère était un peu comme une mort programmée. Pour moi, c'était trop flou, bizarre. Pourquoi mon père n'a-t-il pas pensé à faire boire ce sirop aux autres enfants qui avaient aussi une santé fragile. Et pourquoi a-t-il été le seul à qui cela est arrivé comme par hasard ? Je ne peux pas accuser mon père dans cette affaire, car je sais qu'un père ne peut pas vouloir volontairement tuer son fils, bien qu'il n'ait plus de sentiments pour sa femme. Quand bien même il y a des cas similaires dont on entend parler par-ci et par-là. Est-ce absurde de penser ainsi ? Néanmoins, ça reste une mort mystérieuse... Ce que je trouve choquant, c'est que ce sujet soit tabou dans ma famille.

Je pensais avoir tout oublié, mais non. On fait parfois semblant d'oublier ce que l'on a vécu, consciemment ou inconsciemment.

X

J'AVAIS DIX ANS QUAND MES PARENTS se sont séparés, en 1974. Deux années auparavant, nous avions été frappés par un grand malheur, la mort accidentelle de mon petit frère Juvénal Didas Thierry, âgé de deux ans à peine. À l'époque, nous habitions à Dolisie dans une petite ville, au Congo Brazzaville, dans le Niari. Mon père avait trois femmes et toutes les trois vivaient sous le même toit. Étant la première épouse, ma mère n'avait pas la meilleure place. Mariée religieusement et à l'état civil. Mon père n'avait pas encore épousé les deux autres à cette époque mais, à ses yeux, elles passaient avant ma mère. Parce qu'il les aimait plus et cela se confirmait par les gestes et l'attention qu'il leur portait.

Entre mon père et ma mère, le courant ne passait plus. Elle souffrait énormément des injustices de son époux qui l'ignorait dans la maison. Je sentais la tristesse de ma mère dans ses yeux. Elle était délaissée, négligée.

Je lui disais que j'avais du mal à pardonner mon père de la mort de mon petit frère Juvénal. Il était le seul et l'unique responsable de la mort de mon petit frère. Ce maudit sirop qu'il lui avait administré ce jour là était la cause de son décès. Sans quoi, il serait encore en vie aujourd'hui. Et comme par hasard, ce malheur est arrivé lorsque mes parents ne s'entendaient plus. Alors, j'en ai voulu vraiment à mon père, même si je ne le lui ai jamais dit ouvertement.

Je savais que tôt ou tard je lui en parlerais mais à ma façon. Dans notre famille, ce sujet, personne n'en parle. Comme s'il n'y avait jamais eu un enfant du nom de Mavoungou Juvénal Didas Thierry dans la famille. Moi, je veux briser le silence parce que depuis des années, j'en souffre énormément.

Un beau dimanche de 1972, mon père était assis à l'ombre d'un manguier. Il faisait beau ce jour-là. Tous les enfants jouaient, certains couraient, d'autres criaient et sautaient, à l'exception de mon petit frère Juvénal et moi qui étions assis et observions les autres.

Papa est intrigué par le fait que le ventre de son fils est ballonné. Il se lève de sa chaise longue et se dirige vers nous, il touche le ventre de mon petit frère du bout des doigts pour vérifier s'il avait trop mangé vu que son ventre était gonflé.

— Tu dois avoir trop d'ascaris dans ton ventre, mon fils ? Il va falloir te purger avec un vermifuge pour tuer ces parasites qui occupent trop d'espace dans ton ventre distendu. Apparemment, votre maman ne fait rien pour ses enfants, elle ne remarque même pas que cet enfant ne va pas bien. Demain matin avant d'aller au travail, dit-il à ma mère, rappelle-le moi ! Je lui ferai boire une cuillerée de sirop... Son ventre est si gros...

Mon père était comptable. Il a occupé des postes importants dans l'administration au Congo Brazzaville bien entendu, avant d'être engagé dans une société privée forestière. Il avait des engagements professionnels qui, par moments, l'obligeaient à partir à l'extérieur de la ville où nous habitions, Dolisie. La troisième ville du Congo Brazzaville. Il voyageait assez souvent. J'étais toute contente quand il n'était pas là, parce qu'à ce moment les femmes essayaient de s'entendre. Je me réjouissais de ce répit. Une fois que papa était de retour, les disputes reprenaient de plus belle. Au fond de moi, je souhaitais qu'il disparaisse pour toujours, qu'il ne revienne plus là où nous habitions, afin que tout le monde ait la paix dans la maison. Par conséquent, si j'avais appris à cette époque que mon père avait eu un accident, ou bien qu'il était mort, je m'en serais réjouie au fond de moi, sûr et certain. Parce que je voulais que toutes les femmes de mon père soient heureuses. Puis, petit à petit, j'ai commencé à le haïr, lui, pas mes belles-mères. C'est lui qui était le vrai problème dans la maison, c'est lui qui était à l'origine de ces polémiques.

Le lendemain matin, maman se lève à sept heures comme

tous les jours pour faire le premier biberon de son bébé, mon autre petit frère, Éloi-Charles Bertin qui a à peine quelques mois, cinq ou six mois peut-être. Habituellement, Juvénal et moi ne voulions pas rester dans la chambre une fois que maman était dehors.

En sortant de l'une des chambres, papa est pressé de se rendre à son travail. Il n'a plus le temps de prendre sa tasse de café qu'il ingurgite tous les matins avant de sortir de la maison. Vite, il saute sur son scooter, allume le moteur qui fait un petit ronflement, et tout à coup se souvient qu'il devait administrer le sirop à mon frère. Il gronde maman de ne pas le lui avoir rappelé et fait demi-tour vers l'une des chambres de ses épouses, où se trouvait cette maudite substance. Il ressort avec le flacon à la main. Et c'est l'inimaginable qui va se produire.

J'ignorais qu'il ne nous restait plus qu'un petit moment à profiter ensemble ce matin-là, mon frère adoré et moi. C'était un lundi de 1972. Nous avons été séparés à jamais dans les heures qui suivirent… Juste après que papa lui a administré cette espèce de sirop empoisonné, le monde s'est mis à tourner dans le sens inverse.

Quand papa reprend son scooter, il est 8 heures. Il démarre à vive allure parce qu'il est sûr d'arriver en retard à son boulot. Il ne sait pas ce qui va se passer juste après qu'il a mis son moteur en marche.

Quelques minutes plus tard, nous entendons les cris et les pleurs d'un enfant. « Ça doit être ton petit frère, dit maman, va voir ! »

À ma grande stupéfaction, Juvénal se trouve coincé entre le mur arrière de la cuisine et la vieille voiture qui était toujours garée là, depuis des années. Il pleure et crie fort. Personne n'a vu ce qui s'est passé. Il s'est retrouvé coincé, entre le mur de la cuisine et cette épave de voiture sans que quiconque s'en aperçoive. Mon petit frère commence à vomir, du vomi gris noir gluant comme du charbon, le tout brillait comme si on avait versé de l'huile dessus. Chaque minute qui passe ne fait qu'empirer son état. D'un coup il est affaibli, il devient pâle et son regard est dans le vide. Ne bouge plus, ne répond plus. C'est la stupeur, la consternation.

À neuf heures du matin, par coïncidence, nous avons la visite de la femme chez qui mon père travaillait. Elle s'appelait Marianne. Elle avait une petite voiture dont je ne me rappelle pas la marque, car j'étais trop jeune à cette époque, et pourtant le souvenir de la mort de mon petit frère est gravé à jamais dans mon cœur. Tout est resté comme un film dans ma tête. Jamais je n'oublierai ça...

Aussitôt que Marianne entre dans la parcelle, elle trouve tout le monde dans une panique totale. Et ma pauvre maman lance des cris perçants, troublée, elle est presque à moitié nue, elle n'arrive pas à comprendre pourquoi son enfant se retrouve subitement dans cet état.

Notre maison était à quelques rues du lieu où mon père travaillait. Tout de suite il a été mis au courant de ce qui se passait. Il revient juste au moment où la voiture démarre.

À neuf heures et trente minutes, Marianne embarque mes belles-mères, mon père et mon petit frère. Maman et moi, nous sommes obligées de partir à pied car la voiture est trop petite pour prendre toute la famille. Nous empruntons une route macadamisée qui traverse la gare en passant par le centre-ville. Nous arrivons tous presque au même moment à l'hôpital. Aussitôt, il est pris en charge par les infirmiers, mais il y a peu de chance qu'il survive. La première perfusion que l'infirmière vient placer se détache de la poche de protection et s'écrase par terre sous les yeux ébahis de tout le monde. Autrefois, les perfusions étaient dans des flacons cassables.

Malgré mon âge, je sais que quelque chose ne va pas bien. Juvénal ronronne fort, de plus en plus fort si bien que ce bruit attire les curieux dans les salles voisines qui ne peuvent s'empêcher de venir lorgner dans notre chambre. Il ronronnait comme un chat, même encore plus que le chat. À une heure, mon petit frère nous quittait... Quelle souffrance !... La douleur fut si intense et si forte que je finis par me murer dans mon intérieur. Plus envie de vivre, plus envie de quoi que ce soit. C'est le vide profond qui s'installe en moi. Je périssais lentement en silence. Chaque jour, je faisais des cauchemars incompréhensibles et inexplicables. La suite de tous ces événements a été difficile et profonde.

Comme quoi, du jour au lendemain, tout peut nous tomber sur la tête et la vie bascule d'un moment à l'autre.

Jusqu'au divorce de mes parents, la vie devint de plus en plus un enfer, un supplice. Rien n'allait plus dans la maison. Dur de savoir que ses parents ne s'entendent plus.

La tristesse de notre mère nous touchait inconsciemment probablement. Mon frère et moi n'avions pas la même gaîté et la même joie que les autres enfants dans la parcelle. Nous étions des enfants renfermés, solitaires. Les disputes se passaient toujours entre ma maman et mon père ou bien entre maman et l'une des rivales, et cela nous affectait beaucoup. Il était presque rare de voir les deux autres femmes se disputer avec mon père.

Je ne comprenais pas pourquoi ma maman était toujours au centre des problèmes. Mais des années plus tard, je compris que ma mère voulait être aussi respectée et aimée par son époux que ses coépouses. Elle voulait que papa s'occupe aussi d'elle, fasse attention à elle. Mais sans pour autant vouloir rentrer dans les histoires de mes parents, je voyais que mon père avait une préférence, il le montrait ouvertement. Par les gestes, par les paroles et par les actes aussi. Forcément, certains enfants étaient privilégiés, et d'autres mis à l'écart. Ce que je condamne aujourd'hui, et j'en souffre encore maintenant. Car, qu'on le veuille ou non, on ne peut pas aimer toutes les femmes et les enfants que l'on a eus avec elles de la même façon.

Ce n'est que beaucoup plus tard que j'ai essayé de comprendre les choses à ma façon, que j'ai essayé de savoir pourquoi et comment un homme peut décider de vivre avec autant de femmes sous le même toit. Forcément il y en a toujours une qui est délaissée par rapport à l'autre. De toute manière, je trouve cela aberrant, insensé.

Ma vie d'enfance n'a pas été heureuse. Je voulais partager mon petit jardin secret avec Mike, lui dire à quel point j'avais souffert de l'absentéisme de mon père, au niveau scolaire, éducatif et affectif. Ce qui n'a pas été le cas pour les autres enfants. Il a été un bon père pour eux.

Après que maman est partie de la maison, je me suis sentie seule car j'ai été abandonnée comme une orpheline, sans soutien psychologique, ni rien. Et puis, je ne comprenais pas pourquoi ma mère avait pris la décision de quitter mon père. Pourtant, au début, cela m'avait réjouie, je savais qu'elle serait heureuse, chez elle au Gabon, peut-être avec quelqu'un d'autre. À cet âge, on ne comprend rien. Je ne pouvais imaginer que le départ de maman serait le début d'un vrai calvaire pour moi.

Pendant toute mon enfance, mon père m'a placée dans la même catégorie que ma mère : « Tu es idiote comme ta mère », répétait-il inlassablement. J'avais tous les défauts de ma mère à ses yeux. Jamais je n'ai entendu mon père insulter mes demi-sœurs. Elles étaient irréprochables, je pense. Les insultes sont devenues de plus en plus oppressantes, de plus en plus flagrantes et fréquentes.

Est-ce parce que je ressemblais beaucoup à ma mère que mon père ne voulait pas me donner d'affection ? Je n'en sais rien. J'aimerais bien qu'il me donne des explications un jour.

Mon père était trop préoccupé par sa multiple vie conjugale. Il ne pouvait pas m'apporter plus de soutien ni d'attention. De toute manière, il avait d'autres enfants qui étaient beaucoup plus jeunes que moi, donc je ne pouvais pas réclamer quoi que ce soit. J'ai tenté de fuir plusieurs fois, de partir de la maison de mon père à cause du mauvais traitement qu'on m'infligeait, voulant suivre ma mère au Gabon dans son pays d'origine. Chaque fois, j'ai toujours été retrouvée. Une fois rentrée à la maison, je recevais des coups pour que je comprenne que je ne devais surtout pas faire ça. Papa me disait que je ne devais pas suivre ma mère au Gabon, sinon, je serais comme elle... une ratée, une femme à problèmes.

Ma mère qui me protégeait a passé les frontières, est rentrée chez elle au Gabon avec ses problèmes.

Tout ce que je me suis permis de raconter à Mike tout au début de notre histoire d'amour concernant ma famille, mon compagnon n'a pas hésité à mettre des gens au courant. J'avais une confiance totale en lui à cette époque-là, et j'ai été trahie sans relâche.

J'étais en première année secondaire en 1977, j'avais presque treize ans, quand mon père organisa un mariage à mon insu pour me donner à un homme de vingt-deux ans mon aîné, un Parisien, à la corpulence mince, de petite taille, à l'allure très hautaine. Un homme qui, à mon avis, n'avait pas pu trouver une esclave moderne en France, et est allé en Afrique pour chercher une petite fille naïve et innocente. C'était un mariage bien arrangé par mon père et ses frères en complicité avec le futur époux et sa famille. Je commençais à devenir encombrante aux yeux de mon père et il a donc jugé bon de me trouver un autre toit.

Bizarrement, ce jour-là, quand je rentre de l'école, tout le monde est presque gentil avec moi à la maison, ce qui n'est pas le cas d'habitude. Tous à la maison savaient que mon père avait déjà pris l'argent de la dot de cet homme. Il n'attendait plus que je rentre, le soir, pour m'embarquer de force dans la voiture. En arrivant, je constate qu'il y a du monde dans le salon ; tous les regards se tournent vers moi. Je commence alors à me douter de quelque chose, mais de quoi, je n'en sais rien. J'ai cru qu'un nouveau malheur était venu nous frapper. Mais non, loin de là, c'est mon oncle paternel Jean qui se lève de sa chaise pour me dire que tous ces gens sont là pour moi.

— Je dois t'annoncer une nouvelle, ma nièce ! Désormais, tu es une femme mariée. Tu appartiens maintenant à une autre famille, celle que tu vois dans le salon. De toute manière, nous avons pris la dot. Ce monsieur ici présent est ton mari et nous avons réglé toutes les formalités. Nous t'attendions depuis cet après-midi. Cependant, si tu as des choses que tu aimerais ranger, c'est le moment maintenant, parce que nous allons t'accompagner chez ton mari. Et si tu veux poursuivre tes études, ce sera à ton mari de décider, c'est à lui que revient la charge. Tout ce que tu dois faire, c'est obéir aux ordres de ton père et de tes oncles.

Tous savaient que je n'allais pas accepter facilement leur décision. Une petite fille de cet âge ne peut pas dire « Oui, je veux me marier. » À treize ans à peine, on veut jouer, sauter, danser avec des amies, on veut profiter de la jeunesse, de la vie. Incontestablement, tout enfant a besoin de grandir près de ses parents, a besoin de leur amour. Et mon père voulait me priver de tout ça, bien trop tôt. À cause de l'argent. Tous ces gens étaient quand même bien conscients de ce qu'ils faisaient, ils savaient, avant de signer un engagement et surtout de prendre la dot de ce monsieur, que ça n'allait pas être facile pour moi. J'ai été vendue comme une vache, exactement comme on vendait les esclaves autrefois (et encore aujourd'hui). C'est moi que mon père veut vendre comme une marchandise, comme un animal. C'est moi qui vais être séparée de ma famille et de tous ceux que j'aime. C'est moi aussi qui vais subir les viols, les tortures de tout genre.

Dans la coutume africaine, une femme qu'on vient d'épouser doit avant tout travailler dur pour sa belle-famille. Elle doit savoir faire le ménage, la vaisselle, la lessive, la cuisine pour tout le monde, afin d'être considérée, acceptée comme une vraie épouse. Sans cela, personne ne la soutiendra et personne ne l'acceptera. Malgré tous ces sacrifices, rien n'est garanti ! Beaucoup de maris profitent de la coutume pour torturer leurs jeunes épouses, pour les exploiter aussi.

Je considère aujourd'hui que le mariage coutumier n'est rien d'autre qu'un commerce humain. Il y a des familles qui demandent des montants exorbitants, colossaux pour s'enrichir. L'homme a alors tout le pouvoir sur sa femme, parce qu'il sait que le montant perçu par sa belle-famille ne peut pas être remboursé du jour au lendemain. Parce que la dot, en Afrique, on la rembourse en cas de divorce. Et c'est pour cela que certaines femmes en Afrique, issues de familles très pauvres, sacrifient toute leur vie dans le mariage, malgré la souffrance.

Tout était mis en place pour m'empêcher de m'enfuir. Tous étaient aux aguets. Ils n'attendaient qu'un signal d'alarme pour m'attraper de force.

Je me suis dit à cette époque-là, malgré mon jeune âge, que j'étais la seule à pouvoir sauver ma peau. Partir de chez mon père était la seule alternative pour me protéger, avant qu'il ne soit trop tard, pour ne pas vivre ce que d'autres filles ont vécu.

— C'est l'heure de faire tes bagages, Célestine ! dit l'oncle Jean.

Ils voulaient que j'entre dans ma chambre pour m'attraper comme un mouton. Leur piège n'a pas mordu. Je leur ai carrément dit non.

— Jamais je n'entrerai dans cette pièce, j'ai tout compris. Je sais que vous attendez que j'entre pour me forcer au mariage. Jamais je n'accepterai, jamais vous ne réussirez à me convaincre, je suis encore une enfant, dis-je en essuyant mes larmes avec ma petite chemise.

En même temps, je reste sur mes gardes, j'observe les gestes et les regards de tout le monde. Je n'ai plus confiance en personne de ma famille ici présente, mais alors pas du tout. Pour moi, tous deviennent dangereux pour ma vie, parce que personne n'a osé me prévenir, personne n'a levé le doigt pour dire à mon père qu'il ne peut pas forcer une petite fille de treize ans d'aller en mariage.

— Je veux aller chez ma mère de toute façon parce qu'elle ne me fera pas ça.

Mon père ne voulait pas entendre parler de ma mère quand je vivais encore chez lui. Parce que maman avait pris la décision de repartir chez elle après que le malheur lui est tombé sur la tête.

— Une vraie femme, c'est celle qui sait supporter tous les caprices de son mari... sans quoi, il ne faut pas se marier. La preuve, ses rivales sont là parce qu'elles ont su comment vivre avec moi, réitérait-il.

Toutes ses paroles me blessaient continuellement parce qu'il s'agissait de ma mère, et je me demande si mon père s'en est rendu compte.

À dix-neuf heures, ils en ont eu marre d'attendre : les uns disaient que je faisais des caprices, d'autres essayaient de raisonner en disant que si j'agissais de cette façon, c'était à cause de mon âge.

Ils ont voulu employer d'autres moyens pour régler une fois pour toutes le problème. Mais je me suis précipitée hors de la maison. Mon oncle Jean s'est mis à ma poursuite pour me ramener de force dans ma nouvelle famille. En traversant la grande avenue à toute allure, sans prendre le temps de regarder à gauche ni à droite de peur qu'on me rattrape, j'ai failli me faire renverser par une voiture qui venait à toute vitesse. J'ai alors réalisé que les cours d'athlétisme que je prenais à l'école m'avaient bien servi à ce moment-là. Grâce à ça, j'ai pu sauver ma peau, sans quoi, on m'aurait attrapée tout de suite puis rossée comme c'était le cas normalement.

Je me réfugie chez l'une des nièces de ma mère, qui habite dans la même ville. Je reste là plusieurs jours, mais mon père et ses frères finissent par me retrouver et me ramènent de force à la maison, où je subis une correction. On me frappe avec la chicotte, pour me faire comprendre qu'à mon âge une femme ne doit pas rester chez ses parents, qu'elle doit « vivre sous le toit conjugal ». En même temps, mon père fait tout de même patienter son futur gendre : « Il faut attendre les grandes vacances, pour que Célestine puisse terminer son année scolaire. » Il était donc prévu que je parte en mariage au début du mois de juillet, en dépit de mes protestations, de mes cris, de mes pleurs...

Heureusement, la nièce chez qui j'avais été accueillie avait envoyé un télégramme à ma mère au Gabon, dans lequel elle lui demandait de venir me chercher d'urgence au Congo Brazzaville, vu la situation. Ma mère arriva juste à temps, à la fin du mois de juin, pour « m'enlever » et me sauver d'un mariage forcé, mariage auquel avaient dû consentir plusieurs de mes amies, du même âge que moi ou même plus jeunes... Un an plus tard, j'apprenais que mon père avait dû rembourser intégralement la dot que lui avait payée ce Parisien qui voulait s'offrir une petite Africaine...

XI

J'AI ÉTÉ TRAITÉE COMME UNE ORPHELINE, après le départ de ma mère. Mes deux belles-mères m'ont considérée comme une rivale. Elles avaient toujours des rapports à donner à mon père. Et souvent elles ricanaient lorsqu'on me frappait. Elles étaient tout excitées de me voir prendre des coups. C'était leur façon à elles de se venger de moi. Il arrivait qu'elles me mettent de la nourriture dans une assiette sale ou bien sur des feuilles de bananiers à même le sol, comme une chienne.

Mon père décide alors de m'envoyer dans son village natal à Mayandama vers Mbanda, au Congo Brazzaville. Heureusement, ma mère, ayant appris tous les agissements de son ex, n'a pas tardé à venir me prendre d'urgence, à son insu. Lui ne l'apprit que deux jours plus tard, lorsque nous posions pied sur le sol gabonais. Ce n'est que beaucoup plus tard que je revis mon père, en 1982, soit dix années après, lors de mes fiançailles avec Serge.

Nous fréquentions le même établissement avec mon fiancé Serge, dit Blocus, et étions tous deux élèves de cinquième année secondaire dans la province de la Nyanga. Nous avions aussi des liens de parenté de par nos aïeux, qui furent très proches.

Serge était un garçon intelligent, beau et très timide. Il était chaleureux. Toutes les filles lui couraient après. Rien que son sourire me faisait craquer, je perdais le contrôle dès que j'apercevais sa silhouette. J'étais amoureuse de ce garçon. Dès que je l'ai croisé pour la première fois, il m'a tout de suite plu. Mais vraiment.

Serge a vécu une bonne partie de sa jeunesse auprès de sa tante paternelle qui s'occupait à peine de lui. Avant de rejoindre ses parents biologiques qui vivaient à cette époque à Mabanda, chef-lieu du département de la Doutsila, dans la Nyanga, au sud du Gabon. Nous nous sommes fréquentés comme amis, puis, nous sommes tombés amoureux. Bien que je lui aie reproché de m'avoir prise « sans consentement mutuel »... Mais, j'ai fini par tomber amoureuse de lui parce que, au départ déjà, je l'aimais. Il fut donc mon premier amour, le premier que j'ai aimé. Je lui ai quand même dit que je n'étais pas d'accord avec ce qu'il avait fait. Nous étions très jeunes encore. Lui avait dix-neuf ans et moi j'en avais quatre de moins que lui.

Très vite je découvris qu'en fait, derrière ce beau visage se cachait un vrai monstre d'une dimension illimitée. Blocus était alcoolique, provocateur, bagarreur et d'une jalousie extrême, un vrai dictateur qui vivait toujours dans la violence et la terreur. Il pouvait m'agresser en pleine rue sans se préoccuper des gens, n'importe où et n'importe quand, même devant nos amis. Sauvage comme il n'est pas permis. Il arrivait parfois qu'il attaque un inconnu, parce que celui-ci m'avait juste regardée. Non seulement il allait s'en prendre à lui, mais à moi aussi également. Il perdait le contrôle une fois qu'il avait bu un verre de bière. Il suffisait d'un seul verre pour qu'il devienne fou, mais complètement fou !

Au départ, cette violence ne me préoccupait pas vraiment, me faisait parfois rigoler. Je ne voulais pas le perdre, tellement j'étais amoureuse. Nous nous aimions l'un et l'autre très fort, comme on aime à quinze ans. Ce qui comptait dans ma vie, c'était lui ; sa présence, son sourire, ses câlins et ses bisous. Je ne voyais que son image dans mes yeux. Il était mon premier amour et je m'étais juré de ne vivre qu'avec lui jusqu'à ce que la mort nous sépare. Il a été le premier et je pensais qu'il serait le dernier. Je n'avais que lui dans ma tête. C'était des rêves imaginaires que je me faisais. La vérité fut effectivement tout autre...

Serge devint de plus en plus agressif, incontrôlable, de plus en plus imprévisible, brutal, sauvage. Dans les fêtes, il se saoûlait comme un ivrogne, il bousculait tous ceux qui croisaient son chemin. Et inévitablement, sa folie finissait sur moi.

Son comportement m'agaçait peu à peu, et je commençais à en avoir assez. Je décidais enfin de le quitter après une année de liaison. Un mois plus tard, je n'eus pas la menstruation. Tomber enceinte d'un malade comme lui, c'était absurde. Il fut ravi en apprenant la nouvelle au départ mais, par la suite, me proposa de me faire avorter.

La peur de voir ma famille débarquer chez lui pour lui faire péter la figure l'effrayait, malgré ses airs de provocateur. Deux jours après, il m'invita chez lui afin de me faire subir un curetage. Tout le matériel était déjà dans la chambre, bien exposé sur son lit. Il ne me restait plus qu'à m'installer pour commencer le travail. Serge avait un de ses amis qui le pratiquait clandestinement. Plusieurs filles ont perdu la vie à cette époque. Ces filles-là avaient peur de se retrouver du jour au lendemain mère et seule avec un enfant dans les bras. Le plus souvent, les copains fuyaient leurs responsabilités. C'est pourquoi le copain de mon ami le faisait pour aider ses amis. Quand ça ratait, la fille mourait quelques jours après ou le jour-même. Sans anesthésie, sans anti-inflammatoire, ni rien pour calmer la douleur. Et avant d'effectuer l'opération, la fille devait jurer sur l'honneur que, quoi qu'il arrive, elle n'irait pas dénoncer la personne qui pratiquait ce travail clandestin. Ce genre de pratique était alors courant et en une année, au moins cinq filles y perdirent la vie.

Je proposai donc à Serge d'attendre un mois encore pour être sûr et certain qu'il ne s'agissait pas d'un retard... C'est moi tout de même qui devais subir cette opération... Blocus n'avait rien à foutre de ma vie comme c'était le cas de ses copains qui donnaient des médicaments à leurs copines, pour fuir leur responsabilité. Ils obligeaient les filles à se faire avorter, à leurs risques et périls.

Une semaine plus tard, je me rendais à l'entraînement de handball parce que nous devions rencontrer une équipe adverse de taille, très crainte par les autres équipes de la province – raison pour laquelle l'entraînement devenait de plus en plus dur et de plus en plus fréquent. On m'avait donné la lourde tâche en tant que capitaine de notre équipe de faire en sorte que nous ne sortions pas vaincues de cette rencontre. Mes camarades avaient mis tout leur espoir sur moi. Mais j'étais très embêtée par cette chose qui me rongeait, cette chose que je ne pouvais partager qu'avec moi-même. Toujours aussi consciente, aussi soucieuse de savoir que je n'avais plus eu mes règles depuis plus d'un mois. Je ne pouvais rester cinq minutes sans y penser.

Sur le terrain, d'un coup je ressens une douleur terrible au bas-ventre et au dos, et je me demande ce qui coule sur mes cuisses. En baissant mes yeux, je vois avec stupeur ce liquide rouge qui glisse lentement le long de mes jambes. Le sang que j'attendais tant arriva malheureusement sur le terrain de foot et tout le monde s'en est aperçu. Je m'en moquais éperdument, ce qui comptait pour moi, c'était que mes règles reviennent. Je ressentis une joie immense. Malgré la gêne de voir tous les yeux tournés vers moi. Je me rendis alors compte qu'il faudrait à l'avenir que je prenne des précautions pour ne pas me retrouver dans cette situation.

Je n'étais donc pas enceinte, mais j'avais par contre un trouble de menstruation. J'avais failli me faire transpercer la matrice pour rien ! J'avais des larmes de joie, parce que je ne voulais pas subir ce cauchemar que les autres subissaient : c'était souvent une question de vie ou de mort.

Quelques mois plus tard, Serge partit à Port-Gentil rejoindre son oncle maternel. Il voulait absolument poursuivre ses études dans cette ville qui est la capitale économique du Gabon. Après une année d'absence, sans aucune nouvelle de sa part, nous reprîmes contact et il m'envoya un billet d'avion par la poste, afin que je le rejoigne. Ce que je fis sans hésiter, amoureuse de lui comme je l'étais. Je croyais en sa parole et en notre amour. J'étais trop jeune et naïve pour comprendre que je faisais fausse route.

— Il a fallu que je voyage pour voir à quel point je t'aimais ! Jamais je ne mettrai encore ma main sur toi, affirmait-il en me regardant droit dans les yeux.

Ses mots me paraissaient sincères, vrais. Néanmoins, toutes ces promesses furent vaines. Seulement quelques jours suffirent pour qu'il retrouve ses démons du passé. Il n'avait pas changé. Il buvait comme toujours et la boisson le rendait fou, nerveux et agressif envers moi. Il me donnait des coups là où bon lui semblait. Même en état de grossesse, de neuf mois enceinte, il me frappait sans compassion, me donnait des coups de pieds au ventre, dans le dos et partout. Il se servait de tout ce qui pouvait tomber sous ses mains pour me battre. « Il faut que la douleur pénètre jusqu'à l'os », disait-il avec détermination.

Un jour, alors que je suis presque au dernier mois de ma troisième grossesse, avec la fatigue de la journée parce qu'il faut s'occuper des enfants, faire le ménage, la cuisine et sans l'aide de mon mari, il rentre tard cette nuit-là comme d'habitude. Je suis couchée dans le lit avec nos deux enfants et observe à la dérobée ses faits et gestes. Un moindre petit mouvement de ma part dans le lit peut l'énerver. Cela signifie pour lui que je ne dormais pas et il veut alors que je lui explique pourquoi je suis restée éveillée alors qu'il fait tard. Aucune explication ne passait devant lui lorsqu'il avait bu. Pour éviter que cela arrive, je m'immobilisais dans le lit, de peur qu'il ne s'aperçoive que je ne dormais pas. Un grand bruit me fit sursauter.

En fait, lorsqu'il ouvrit la porte de la chambre, il était ivre, saoul au point de ne plus pouvoir se déshabiller avant de se coucher. En voulant retirer son pantalon, il trébuche et il tombe du haut de ses 1,77 mètres sur mon ventre bien rond, avec une force terrible. Du coup, j'ai eu le souffle coupé, je ne pouvais pas crier, tellement j'avais mal. Je suis restée paralysée et ne pouvais plus bouger. J'ai senti comme si mon bébé sortait de ma bouche. Il était une heure trente du matin quand cet incident a eu lieu, l'avant-veille du nouvel an en 1985.

Je vécus un cauchemar toute la nuit. Les voisins furent avertis par les cris de mes deux enfants, j'étais à demi inconsciente, le mal m'empêchait de parler ni de faire le moindre mouvement. À quatre heures du matin, je me suis retrouvée à l'hôpital accompagnée d'amies et de voisins. Tous sont inquiets et ne savent pas exactement ce qui s'est passé cette nuit-là. À cinq heures du matin, j'accouchai d'une fillette. Le bébé et moi avons eu la vie sauve grâce à Dieu.

Malgré cela, Serge a continué à boire comme un malade. Il ne se passait jamais un jour sans qu'il ne touche à l'alcool. Il pouvait marcher de longues distances et même sous la pluie, à la recherche d'une bouteille de bière, de vin ou de liqueur. Pourvu qu'il boive un verre. Il voulait absolument que je fasse comme lui, boire de l'alcool pour former un couple uni. « Une femme doit suivre l'exemple de son mari », disait-il. Lorsque je refusais de goûter à l'alcool, il me battait à mort. Des années après, j'ai compris qu'il voulait tout simplement m'empêcher de réfléchir sur tout le mal qu'il me causait.

« Je devrais toujours suivre tout ce que disait mon mari, et si ce n'était pas le cas, lui et moi, n'avions rien à faire ensemble. » Cette même phrase, je l'ai encore entendue des dizaines de fois lorsque je me suis mise en ménage avec Mike. Il me l'a répétée sans cesse. « Une femme doit toujours suivre tout ce que dit son mari ; si ce n'est pas le cas, elle et lui n'ont rien à faire ensemble. »

Pourquoi est-ce que je suivrais toujours les conseils des hommes ? Et moi ? Qui suivra les miens alors ? Rien ne montre que l'homme sait tout et que la femme ne sait rien. Surtout que les ordres que l'on me donnait me semblaient stupides. Je dois mettre en pratique ce que je trouve bon et le reste, je ne prendrais pas. Même lorsqu'il y a « l'amour ».

J'ai reproduit le même schéma que celui de ma mère qui a été elle aussi battue par mon père. Sous mes yeux, j'ai vu ma mère se faire traiter comme une esclave, comme une moins que rien. Il est fort possible que ma grand-mère ait subi pareille atrocité. Ceci ne m'étonnerait pas. Car, d'aussi loin que je me souvienne, ma grand-mère me disait : « Une femme ne doit pas ouvrir la bouche pour contredire son mari si elle veut garder son foyer. » Et la meilleure façon de se faire respecter devant son entourage est de ne rien dire, ne rien entendre et ne rien voir. Ce qui veut dire : ne pas réagir aux infidélités de son mari, ne pas répondre aux injures et aux coups qu'inflige son mari. C'est quand même dur à entendre. Ainsi, j'ai reçu cette éducation de ma grand-mère et de ma mère qui dit que l'homme est considéré comme « Roi ».

En y réfléchissant, je me dis que Serge et Mike ont vite compris que j'étais une proie facile, imprégnée dans cette tradition selon laquelle une femme devrait être soumise, obéissante, toujours à la disposition de son mari, dans tous les sens du terme... Ce n'est que bien plus tard que je me suis rendu compte que cela n'était pas normal.

Finalement, c'est de génération en génération que la violence s'est installée dans ma famille et, lorsque je grandissais, je voyais malheureusement dans mon entourage des femmes se faire insulter, se faire rouer de coups. En plus de cela, elles étaient obligées d'accepter l'infidélité de leurs époux. Chez nous, c'est une honte de quitter le foyer conjugal à cause des coups. On ne peut pas dire non à son mari lorsqu'il veut avoir une deuxième ou troisième épouse. Sinon, la belle-famille vous prendrait pour une mauvaise épouse, au pire elle vous répudierait. La violence faite aux femmes est une chose banale dans la société africaine. On en parle peu ou presque pas. Le plus souvent, les victimes se taisent pour plusieurs raisons : soit parce qu'elles considèrent cette situation comme normale, soit parce qu'elles ont honte ou peur. La peur des représailles de la part de leurs « gourous ».

La violence envers les femmes en Afrique est une question fondamentale de pouvoir qui donne tous les droits aux hommes sur les femmes. C'est une façon de contrôler le corps et l'esprit de la femme. Généralement, après avoir été violée ou battue par son mari, une Africaine n'a pas le courage d'aller à l'hôpital, de peur qu'on découvre ce qui se passe chez elle, car la faute lui sera renvoyée. Comme nous ont dit nos aïeux, c'est la femme qui protège son foyer. Et porter plainte contre son mari, c'est vivre avec le poids de la culpabilité et les reproches des proches ou d'amis. Dans mon pays, peu de familles soutiennent leurs filles en pareil cas. La femme africaine dans son foyer est souvent pacifiste. Elle prend beaucoup sur elle pour protéger sa maisonnée. Et l'homme en profite pour faire tout ce que bon lui semble. La plupart de ces mamans en Afrique disent ceci : « Une vraie femme, après avoir reçu des coups ou des insultes de la part de son époux doit tout faire pour oublier ce qui s'est passé. S'il a faim, tu dois lui donner à manger et s'il veut ton corps, donne-le lui car celui-ci lui appartient. »

Je me disais que si seulement j'avais bien rempli mon rôle d'épouse et de mère, il ne m'aurait pas fait ça. Si seulement j'avais été soumise, il ne m'aurait pas rouée de coups. Si seulement je n'étais pas allée me promener sans demander la permission, il ne m'aurait pas brutalisée devant tout ce monde. Et à chaque fois, c'était pareil. Je me culpabilisais, tout le temps, rejetant la faute sur moi-même.

Ma mère me disait : « Si tu ne veux pas être sous les bottes d'un homme, être frappée tout le temps comme moi, ne te marie pas. Si tu acceptes de te marier avec quelqu'un, il faudra alors accepter les coups, les insultes, les humiliations, les infidélités... Parce que tout ça fait partie de la vie d'une femme. Et lorsqu'une femme se marie, elle doit savoir que sa vie tout entière appartient à cet homme-là, c'est au mari de prendre toutes les décisions à son sujet, il devient le seul responsable de son épouse. La femme, quant à elle, s'occupera du ménage, de ses enfants, de la cuisine, de la belle-famille et bien entendu, de son époux. Une femme soumise restera longtemps dans son foyer, sinon rien. Sache une chose, ma fille, un homme n'aime pas être défié par sa femme. »

Je lui répondais qu'elle faisait partie de la vieille génération ; or, moi, je fais partie de la nouvelle génération et les choses ne sont plus pareilles, elles ont changé depuis. Mais, en fin de compte, non. Les choses n'ont presque pas changé. La seule différence aujourd'hui est que les femmes en parlent de plus en plus souvent, ce n'est plus comme avant où c'était un sujet tabou. Dans le temps, personne n'osait dénoncer ces actes barbares. Néanmoins, la violence persiste encore.

Contrairement à Mike, Serge n'a jamais nié mon existence auprès des autorités gabonaises ou devant qui que ce soit. Ses maîtresses savaient que c'était moi la femme de la maison. Il m'a toujours présentée comme étant son épouse et la mère de ses enfants. Jamais il n'a tenté de m'enlever mon identité en faisant passer une autre personne pour moi. Je sais que lui non plus n'a pas été le mari idéal. Mais il m'a au moins laissée repartir chez moi, avec tout ce qui m'appartenait, à savoir mon identité, mes enfants et ma dignité.

Des années auparavant, juste après son départ pour Port-Gentil, j'avais été victime d'un viol. J'avais dix-sept ans à cette époque. Et je pensais que cela n'arrivait qu'aux autres. J'étais loin d'imaginer que je ferais, moi aussi, partie de toutes ces victimes qu'on viole sans aucune raison apparente. Juste par mépris envers la femme.

Parler de ce viol est pour moi un véritable défi. Mais j'ai décidé d'affronter ce passé douloureux qui me poursuit depuis longtemps. Aujourd'hui, je me sens libre. Aujourd'hui, j'ai le courage de raconter ce que j'ai vécu, de briser le mur du silence parce qu'à long terme, le silence tue. Je n'ai pas envie de mourir, c'est la raison pour laquelle je raconte mon histoire, mon vécu.

J'ai pourtant gardé mon secret pendant toutes ces années. Et maintenant je ne peux plus cacher ma douleur, car je me suis amputée de toutes ces années de jeunesse dont j'aurais bien voulu profiter comme tout le monde. À quarante-trois ans, il est temps d'oser assumer cette partie de moi qui est enfouie au fond de mon être et dont je suis peu fière. Le plus souvent, on évite le mot « viol » avec tout ce qu'il infère. Il vous rappelle un horrible passé que vous avez envie d'oublier. Bien que, malgré les nombreuses années, il soit toujours présent dans ma mémoire. Comme si c'était hier.

Nous sommes en 1983 pendant la période des grandes vacances, à Tchibanga dans la province de la Nyanga, d'où ma mère est originaire. Comme toute lycéenne, je voulais trouver du travail pour préparer ma rentrée scolaire. On m'avait offert un travail bien rémunéré à cette époque. Vingt mille francs CFA par mois. Alors, trois mois plus tard, je devais me retrouver avec une somme de soixante mille francs.

Le patron était le mari d'une amie à ma mère. Il avait un magasin et pas assez de temps pour s'en occuper. Ses deux épouses ne savaient ni lire ni écrire, lui-même était aussi peu instruit que ses épouses. Il travaillait aussi dans une société forestière comme conducteur de chenille.

Cette offre m'avait soulagée et ma mère aussi, qui avait une confiance totale en eux. Le couple demanda à ma mère si je pouvais aller vivre chez eux durant les trois mois de vacances, vu la longue distance qui nous séparait. C'était aussi bénéfique pour eux que pour moi, parce que je pouvais gagner du temps pour me lever le matin et, d'autre part, je n'avais pas le risque de rentrer chez moi à une heure tardive. Cette proposition, c'est eux qui nous l'ont faite. Ma mère n'avait pas les moyens de me soutenir financièrement dans mes études. En l'occurrence, elle a vraiment fait du mieux qu'elle pouvait pour me rendre heureuse et elle m'a toujours encouragée dans mes études. Elle voulait absolument que sa fille unique réussisse dans ce qu'elle-même avait toujours souhaité faire. Ainsi, elle me conseilla d'accepter ce travail, sans savoir que cette famille allait abuser de la confiance qu'elle leur avait donnée.

Je passais deux semaines de joie, transformées par la suite en un véritable cauchemar qui a chamboulé mon existence.

Le fait de raconter ce que j'ai vécu me donne des frissons aujourd'hui encore, comme si ça venait à peine de se passer. Il est très difficile de crever un tel abcès. De reconnaître ce qui s'est passé il y a si longtemps. Le revivre à nouveau dans ma tête. J'ai tenté d'ignorer, de dissocier le passé du présent, je n'y arrive pas. En même temps, cela montre à tous ces gens que j'ai le courage de me battre dans la vie.

Le pire surtout, c'est lorsque l'on tombe enceinte de son violeur. C'est invraisemblable, insoutenable. C'est une humiliation sans fin, parce qu'il y a une preuve vivante. Une mère ne peut jamais nier l'existence d'un enfant qu'elle a eu, même issu d'un viol, une fois qu'elle l'a porté. Ce petit être qui a vécu dans son ventre pendant neuf mois. Qu'elle accouche de père inconnu ou pas, il reste à jamais gravé dans sa mémoire et désormais, il fera partie de son existence. Pour la vie.

Malgré de nombreuses années, je me souviens encore de tout ce qui s'est passé en détail, comme si c'était hier. Ce jour-là, je suis allée au lit comme d'habitude à vingt-et-une heures. En tête, j'ai toujours le visage de mon copain, Blocus. Toutes les nuits, je pensais à lui, rêvant de notre vie ensemble. Malgré ses violences, je l'aimais beaucoup, peut-être un peu trop aussi. J'avais du mal à l'oublier parce que je voyais mon avenir avec lui.

Cette nuit-là, je suis à moitié endormie. Tout à coup, j'entends la porte s'ouvrir, dans mon sommeil. Au moment où je me retourne pour voir qui est entré, à ma grande surprise, c'est papa Louis. Je l'appelais papa, par respect, vu son âge. Il devait avoir quarante-huit ans. Et puisqu'il était le mari de l'amie de ma mère, je ne pouvais pas l'appeler par son nom. En Afrique, un enfant ne peut pas appeler une grande personne par son nom, c'est impoli, disent les grands.

Je suis stupéfaite de voir « papa » dans ma chambre à une heure si tardive. Non seulement ça, mais il y a aussi l'amie de ma mère que je considère comme ma maman, à qui je dois beaucoup de respect, elle dort certainement, dans l'une des chambres voisines. Que va-t-elle penser de moi si elle remarquait la présence de son mari dans ma chambre ?

— N'aie pas peur, Célestine ! C'est moi, papa Louis. Je viens dormir avec toi. J'en ai parlé à maman Élisabeth, elle est tout à fait d'accord que je dorme ici ! Je veux que tu deviennes ma femme !

— Non, non je ne peux pas ! Je suis encore trop petite pour ça. Et puis je vous considère comme mon papa. Que votre femme dise oui ou non, ce n'est pas mon problème. Je suis venue pour travailler comme caissière dans votre magasin et non pour devenir votre femme.

Pendant que je lui réponds, il bondit sur moi comme un guépard, dans le lit, il essaye de m'enlever ma culotte. Je me débats comme je peux avec force. Finalement, mon petit corps ne peut plus lutter, combattre un vieux de presque cinquante ans n'est pas facile pour une fille de dix-sept ans. Je commence à hurler ; j'appelle au secours !... Aidez-moi ! Je vous en prie !... En vain, personne ne se manifeste. Pourtant, je suis convaincue que l'amie de ma mère entend mes cris, mes appels au secours, mais aucune réaction de sa part. Je comprends finalement que c'était un complot.

Je n'ai pu trouver le sommeil cette nuit-là, après ce viol. Ce monstre m'a brisée comme du cristal. Je me suis sentie trahie, trompée, manipulée et salie. À cet instant, je n'ai plus senti mon cœur battre. Il me l'a volé, cette espèce de violeur impénitent. J'ai commencé à ressentir une haine insupportable et profonde contre moi. Oui, moi ! Parce qu'il ne fallait pas que je sois une femme. J'aurais aimé être un homme pour ne pas subir ce genre d'atrocités. Tant de larmes ont coulé au fond de moi. Pourquoi ? Pourquoi ? Pourquoi moi ? Pourquoi ce travail m'est-il apparu soudainement, alors que d'autres filles de mon âge à cette époque avaient du mal à trouver des jobs pour étudiants ?

C'était la loi du plus fort. Ce jour là, le violeur avait décidé de m'ôter la valeur que je m'étais faite, ma fierté, et l'assurance en moi. Comme quoi, même au travail, un collègue, un patron, peut aussi gâcher la vie de quelqu'un. Ce que j'ai vécu, je ne le souhaite à personne. On se laisse croire que c'est dans l'entourage familial qu'il y a le plus de sécurité. Faux. Ce n'est pas toujours le cas, malheureusement. Un ami peut briser la vie de toute une famille, et ce fut mon cas.

Durant les deux semaines pendant lesquelles je croyais avoir trouvé une vraie famille, mon « gourou » avait déjà tout planifié, tout organisé, même la chambre dans laquelle j'allais passer mes trois mois de vacances. Il savait d'avance que je serais sa « femme », que je le veuille ou non. C'est ainsi qu'il a mené patiemment son œuvre paralysante et meurtrière. Peu à peu, je me suis laissée enfermer dans son piège.

Je n'ai pas choisi de tomber enceinte après avoir subi ces atrocités.

Le lendemain de ce viol, je décidais de repartir chez ma mère, parce que je trouvais que ma vie était en danger. Je demandais au violeur et pédophile de faire l'inventaire le jour-même avant de rentrer chez mes parents. Il voulait me garder encore jusqu'à la fin des vacances. Mais ma décision était déjà prise et je ne souhaitais pas rester. Furieux, il appela mon beau-père pour essayer de me dissuader, en vain. Le jour-même, dans l'après-midi, nous commencions l'inventaire. J'étais tellement en colère, tellement pressée de partir, que mon beau-père se rendit compte que quelque chose n'allait pas.

— Pourquoi es-tu si nerveuse, ma fille ? me demanda-t-il.

Je lui réponds en bourdonnant que tout va bien. J'avais honte de moi, honte d'en parler à un « père ». Que va t-il imaginer ? Que je suis une « p... » Alors que je ne le suis pas !

À la fin de cet inventaire, monsieur Louis m'accuse d'avoir détourné en deux semaines une somme de trois cent mille francs CFA. Alors que chaque soir, avant d'aller me coucher, je lui remettais toute la recette de la journée. Malgré cela, il insiste en disant qu'il y a eu des trous dans l'inventaire. Alors, mon beau-père lui fait comprendre que sa fille n'est pas une voleuse et que s'il pensait que j'en étais une, qu'il dépose une plainte s'il le souhaite. Ou qu'il trouve un expert comptable afin que nous refassions les comptes. Monsieur Louis refusa cette proposition parce qu'il savait que son accusation n'était qu'un mensonge. Il voulait seulement trouver un prétexte pour ne pas me donner mon salaire et aussi camoufler ce qu'il m'avait fait cette nuit-là. Dans sa tête, j'étais déjà sa femme. Il refusa quand même de me payer les deux semaines de travail que je fis chez lui. Je repris donc le chemin avec mon beau-père sans aucun centime en poche.

Les semaines suivantes, je constatais quelque chose d'inhabituel. Tout d'abord, je n'avais pas mes règles et je commençais à avoir la nausée tous les matins. En fait, j'avais tous les symptômes d'une femme enceinte. En me rendant à la PMI (préparation maternelle et infantile), ce que je redoutais depuis des semaines se confirma. Le résultat d'urine fut positif. Je me retrouvais non seulement en grossesse, mais sans argent aussi. Je décidais de porter plainte en référé, au tribunal de Tchibanga, pour que « justice » soit faite. Un mois plus tard, nous étions convoqués devant le procureur de la République. J'étais déjà au deuxième trimestre de ma grossesse et avais le soutien de ma famille : ma mère et mon beau-père. Ils m'avaient suppliée de ne pas me faire avorter, ce que je ne voulais pas moi non plus.

Mon bourreau fut condamné à une peine d'emprisonnement de six mois, avec sursis et une amende de deux-cent mille francs CFA. À cette époque, c'était une somme importante. Aujourd'hui, j'estime que la peine de cet homme n'a pas été assez lourde, vu l'ampleur du mal causé. Physiquement, psychologiquement, émotionnellement.

Grâce à cet enfant que j'ai mis au monde, j'ai eu le courage de me battre dans la vie. Il est mon rayon de soleil, et je l'aime tout autant que les autres. Malgré ce souvenir cauchemardesque, je suis devenue une maman comblée de bonheur. Ce qui peut paraître invraisemblable, même choquant, pour certains. Mais je l'ai porté dans mon ventre, il est, et restera mon enfant pour toujours.

Mon fils Cédric est maintenant adulte. Je pense qu'il comprendra que je ne voulais pas le déstabiliser. C'est pour cette raison que j'ai refusé tout contact avec la famille de son « père violeur ».

Moi-même également, je ne voulais pas du tout être confrontée à nouveau à cet épouvantable souvenir, et c'est pourquoi j'ai tenté – en vain – de l'effacer de ma mémoire. J'avais refusé que ce violeur reconnaisse le bébé que je portais. Qu'aurais-je dit à mes amies et à mon entourage ? Présenter ce monsieur comme étant le père de mon futur bébé ? Ou bien comme quelqu'un qui m'avait violée ? C'était trop lourd pour moi. Tout ce que je souhaitais, c'était juste de me taire pour ne pas être l'objet de critiques dans ce monde de fous.

En Afrique, le mot *viol* n'existe pas pour une fille de plus de quatorze ans. Au-delà de cet âge, c'est considéré comme une relation consentante. Et encore ! Même à douze ans, la famille peut penser que la fille a souhaité elle-même ce qui lui est arrivé. Parce qu'elle le voulait. « Elle a voulu goûter à ce plaisir. » Dans d'autres familles, malheureusement, on refuse carrément de soutenir la fille. Elle l'a cherché, c'est arrivé, c'est bien fait pour elle.

Beaucoup de filles victimes de viols se taisent. Parce qu'elles savent d'avance qu'elles seront humiliées, ridiculisées et jugées par leurs proches au lieu d'êtres soutenues. Il peut aussi arriver que le père ou les frères frappent à mort la victime. Pour eux, ça paraît étonnant, c'est du mensonge et, c'est impossible que quelqu'un couche avec une fille sans son approbation...

Si seulement ce qui s'est passé n'était jamais arrivé. Mais non, c'est mon destin, un point c'est tout. Ce n'est pas facile en tant que femme d'oublier un tel choc. Le viol est une humiliation sans fin. J'ai été plongée dans un enfer de déchéance et de désespoir. « Et j'ai dû me rendre à l'évidence » !... Que je vivrais avec, toute ma vie.

Les deux autres tortionnaires que j'ai rencontrés des années après ce viol ont repris le flambeau de la destruction. De l'anéantissement. Cela a continué lorsque j'ai fait la connaissance de Serge, le père de mes autres enfants, puis de Mike. Tous deux ont employé la force physique avec moi lorsqu'il s'agissait de faire l'amour quand je n'étais pas d'accord. J'ai été violée par l'un et par l'autre.

Même si l'on ne peut pas croire en la justice des hommes, au moins, je crois en celle de Dieu.

XII

JE PARTIS REJOINDRE Serge à Port-Gentil avec mon fils Cédric, qui avait à peine un an. Serge fit une reconnaissance de paternité pour que mon fils ait un père. Nous décidâmes de garder le secret jusqu'à sa majorité. Personne n'en parlait, même pas les membres de sa famille.

Une année après que nous avons quitté Tchibanga, j'ai reçu une lettre de ma mère dans laquelle elle m'annonçait la mort par accident de monsieur Louis. Il était sur son caterpillar comme d'habitude, dans la forêt, et déplaçait des okoumés (grands bois noirs du Gabon) sur son engin. Le caterpillar a basculé en arrière en faisant des tonneaux et a plongé droit dans une petite rivière. On m'a expliqué que ça a été horrible à voir. Le pauvre homme est resté coincé sous sa machine, la tête sous l'eau. Toute la nuit, ses compagnons ont essayé de le libérer – en vain. Ce n'est qu'au petit matin qu'ils sont arrivés à dégager le corps. Mon violeur est mort en 1985, dans des conditions effroyables.

Malgré le mal qu'il m'avait infligé, j'ai quand même eu une pensée à sa mémoire. J'ai prié pour lui, afin que la terre lui soit légère, que tous ses pêchés lui soient pardonnés...

Il est très dur d'élever un enfant conçu lors d'un viol. Il m'est difficile d'oublier tout ça, de même il est compliqué de faire semblant devant mon fils que tout est normal. Je n'ai jamais eu le courage de lui expliquer cette histoire qui est la « nôtre ».

Il est temps aujourd'hui que je fasse la lumière sur mon passé. Il ne doit surtout pas se sentir coupable, il n'est pas responsable de ce qui s'est passé il y a tant d'années. Nous sommes tous deux des victimes. Et tous deux, nous devons êtres soudés pour avancer dans la vie. Je veux surtout que mon fils soit épanoui, qu'il ait une vie de famille tout à fait heureuse et que son avenir soit prometteur comme pour mes autres enfants.

En racontant mon histoire, je suis allée de découverte en découverte, chaque jour. J'avais si bien « oublié » ! Peut-être parce que je minimisais d'autres souvenirs bien réels, bien durs à vivre dans ma souffrance d'enfance.

Je voudrais me libérer de ce poids du passé, de mon enfance douloureuse, de mon adolescence gâchée et de ma vie d'adulte dont je ne suis pas fière et que je continue de subir. C'est horrible à dire.

J'ai été violée à l'âge de douze ans. Je vivais encore chez mon père au Congo Brazzaville, à Dolisie. Après le départ de ma mère, j'avais été livrée à moi-même, abandonnée à moi-même. Le courant ne passait vraiment pas avec mes deux belles-mères. Il arrivait que l'on prépare à manger, mais pas suffisamment pour tout le monde dans la maison. Parfois, je m'endormais affamée...

Un jour, ma mère m'envoya de l'argent, trois mille francs CFA. Je décidais de faire un petit commerce pour essayer de me sortir d'une situation qui devenait chaotique. J'allais tous les jours acheter des oranges au marché, puis venais les revendre dans la cité. Après les cours, je rentrais précipitamment à la maison prendre ma cuvette d'oranges et filais droit au stade où tous les après-midi il y avait des entraînements de football, de basket-ball et de handball. Cela m'a beaucoup aidé pendant des semaines, voire des mois. Chaque fois, j'économisais les bénéfices et rachetais de nouveau des oranges pour ne pas manquer d'argent de poche.

Et voilà qu'un soir, après avoir fini de vendre mon stock de mandarines et d'oranges, je prends ma cuvette et me dirige, seule, vers la maison. Un cousin lointain me rattrape et propose de marcher avec moi parce que le quartier fait peur, me dit-il. La ville était en pleine construction. À douze ans, dans la nuit et sans lumière en plus, je ne pouvais qu'avoir peur. Je comptais donc sur lui, puisque je le connaissais. C'est vrai que ces maisons inachevées me donnaient la trouille lorsque je rentrais à la maison. Sauf que souvent, je cheminais avec beaucoup de gens. Ce soir-là, ce fut un tourment pour moi. Mon cousin va en effet me violenter, parce que j'ai voulu me débattre en disant non. Juste à dix mètres de la maison, derrière les buissons, il va se transformer en monstre pour me faire subir des atrocités.

Si seulement mon père avait fait un effort pour s'occuper de moi, je n'aurais pas eu l'idée d'aller vendre ces oranges et ne me serais pas fait violer !

Si seulement, ma mère avait dit non à sa copine et à son mari, que sa fille ne pouvait pas aller dormir chez eux, je n'aurais pas eu ce qui m'est arrivé !

Je me demande aujourd'hui pourquoi mes parents n'ont pas pu me protéger contre des personnes perverses, contre des manipulateurs qui savent abuser de la naïveté des enfants, pour leur faire subir toutes sortes d'atrocités. Où étiez-vous passés ? Pendant que ces gens me torturaient ? Vous avez manqué à votre devoir de parents protecteurs. J'ai envie d'hurler, de vous rappeler que mon enfance a été brisée comme un pot de verre dont je suis incapable de recoller les débris. J'essaye de recoller tous ces morceaux qui sont si difficiles à reconstituer, de manière à ce que je retrouve enfin une vie normale. Tous les jours, j'essaye, encore et encore, sans y parvenir. C'était à vous, mes parents, de veiller à mon éducation, à ma sécurité, comme je le fais présentement avec mes enfants. Là, je peux vous dire que vous avez failli à votre devoir de parents.

J'ai toujours peur qu'il arrive quelque chose d'inacceptable, d'immoral à mes enfants. J'ai toujours l'œil sur eux. C'est à moi de veiller sur eux afin qu'ils puissent avoir une vie heureuse même si ça n'a pas été le cas par le passé. À cause de ce que j'ai vécu, je veux les surprotéger.

J'ai eu beaucoup de mal toutes ces années à garder tous ces lourds secrets au plus profond de moi. Et je me suis enfoncée de plus en plus dans le mensonge pour donner l'image de quelqu'un qui allait bien, de quelqu'un qui n'a aucun souci et qui s'en sort bien. C'est si simple de mentir aux autres, mais, croyez-moi, on ne peut pas se mentir à soi-même.

Depuis ma naissance, je ne fais que subir les injustices des hommes. Pourquoi ? Mon Dieu, pourquoi as-Tu accepté que je vive tout ça ? Tous ces viols, les humiliations de toutes sortes, les coups, les insultes.

Je me rends compte après toutes ces découvertes que même dès mon plus jeune âge, à cinq ou six ans peut-être, j'ai subi des attouchements et peut-être même été violée. J'ai peu de souvenirs de cette époque, mais « Je crois »...

C'est en recollant les morceaux de mon enfance douloureuse que j'ai fini par comprendre ce que j'ai vécu dans ma jeunesse. J'ai encore du mal à croire que tout ça est arrivé. Pourtant, j'ai vécu toutes ces atrocités. C'est dur.

Autant que je me souvienne, un autre jour, ma mère était partie au champ faire la récolte d'arachides avec ma grand-mère paternelle et, comme il est de coutume en Afrique, la belle-fille doit aider sa belle-famille dans leurs tâches ménagères et au champ. Je suis restée avec d'autres enfants dans la maison. J'avais cinq ans. Et là, deux garçons de neuf et dix ans m'ont violée et m'ont menacée : ne rien dire à personne, même pas à ma mère, sinon ils me referont la même chose ou, pire, ils me battront. J'étais terrorisée. Je me rappelle le début du viol, mais la fin, je ne m'en souviens plus, ça s'est volatilisé comme la vapeur dans l'air.

Quelques jours plus tard, je ne sais plus quelle raison m'a poussée à tout révéler à ma mère. A-t-elle réagi ? La suite des événements, je ne la connais plus en détail. Bizarrement, je n'ai aucun souvenir de mon père pendant cette période. Était-il en voyage quand j'avais subi ce viol ? Je n'en sais rien. Les quelques bribes de souvenirs que j'ai de mon enfance, je vois que mon père était rarement à la maison, qu'il était toujours parti...

J'avais six ans quand ma mère a reçu la visite de son oncle paternel par alliance, qu'elle avait toujours considéré comme étant son père. Il me demanda en pleine journée de l'accompagner dans un magasin pour m'acheter des bonbons. Naïve comme je l'étais, je l'ai suivi. Ma mère était là lorsqu'il m'a demandé de le suivre. Pourquoi n'a-t-elle pas refusé que je parte ? Je n'étais qu'une

gamine naïve ! Elle a toujours fait confiance aux gens aveuglé-
ment. Je sais qu'elle n'a pas voulu dire non, parce qu'elle ne voulait pas avoir des préjugés vis-à-vis de son oncle et des autres gens
qui étaient présents ce jour-là. Elle m'a laissée m'en aller comme
une chienne qu'on envoyait se faire examiner chez un vétérinaire.

Au lieu de partir au magasin, mon grand-oncle a pris une
autre direction. Hors de toute attente, il m'a conduite dans une
vieille maison et m'a fait subir des attouchements. J'ai commencé
à me plaindre en appelant : « Maman ! Maman ! » Il s'est arrêté de
peur qu'on ne le surprenne en flagrant délit. Nous sommes repartis à la maison comme si de rien n'était. En arrivant, ma mère
avait déjà mis la table pour lui. Il finit son plat, et disparut comme
il était apparu, sans dire au revoir.

En examinant tout mon parcours, j'ai compris que ma mère
était trop naïve. Une confiance excessive. C'est pourquoi mon
père en a profité pour lui en faire voir de toutes les couleurs.

J'ai vécu un nouveau cauchemar, puis un autre et encore un
autre. Lorsque je me suis mise en ménage, Serge, mon premier
compagnon et mon premier amour, voulait que, dans notre lit à
nous, son frère me fasse l'amour. Sans chercher à savoir si cela me
plairait ou pas.

« Tu n'as pas à chercher les femmes dehors ! » disait-il à son
frère Grégoire lorsqu'il était en vacances chez nous à Port-Gentil.
« Ma femme est là. Elle est belle, jeune comme toi et en bonne
santé. Quand je suis absent, attrape cette jolie femme et fais-lui
l'amour comme tu veux. Elle est aussi ta femme. Si elle a accepté
d'être ma femme, de vivre avec moi, elle doit aussi accepter de
faire l'amour avec toi, parce que tu es mon petit frère. » Il répétait
chaque fois ces paroles en présence même de ses amis pour leur
faire comprendre que son frère et lui étaient « une seule personne ».
Serge avait des maîtresses çà et là, m'abandonnant seule avec son
frère dans le même lit. Il ne pouvait que se foutre de moi.
Heureusement pour moi, son frère et moi ne nous entendions
guère. Ce qui m'a peut-être sauvée de ses griffes. Jamais il n'a eu
le courage de me toucher.

Je traitais Serge de fou malgré la peur au ventre qu'il m'inspirait. Je ne cessais de lui rappeler que si on aime sa femme, on ne peut la partager. Je ne trouvais pas ce genre de pratique raisonnable. De plus, si on a le respect envers celle qu'on aime, on ne peut pas se permettre de tenir de pareils propos. Ce refus me valait cher. C'étaient des coups, des insultes et des humiliations de tout genre que je recevais en retour. Je n'ai jamais cédé et mon beau-frère, malgré son jeune âge, comprenait aussi quand même que ce n'était pas correct de fonctionner comme ça.

À cause de ce refus, mon compagnon et son frère m'imposèrent un autre style de vie. Ils me firent comprendre une chose, que je n'étais là que pour faire des enfants, laver leurs vêtements et m'occuper de la cuisine. Et que je devais fermer les yeux, ne pas m'occuper de ce qui se passait dans la maison. Serge débarquait avec une femme dans la maison, lui faisait l'amour dans notre chambre et dans notre lit. Et je ne devais dire mot. Ou bien c'était le petit frère qui venait avec une jolie fille, puis s'enfermait dans notre chambre toute la journée. Alors, je n'y avais plus accès. À la fin, c'est toujours moi qui devais laver les draps et nettoyer toute la chambre. Cela a continué pendant longtemps. Chaque fois que mon beau-frère venait passer les vacances chez nous, la vie devenait de plus en plus infernale. J'avais un seul droit, celui de me taire, sinon, je recevais les coups de mon beau-frère ou de Serge.

Les deux frères sont allés tellement loin que je n'en pouvais plus. Serge devenait de plus en plus violent, de plus en plus menaçant. Il ne voulait pas que je le quitte. Dès que j'abordais ce sujet, il me rossait à mort. Il me terrorisait chaque jour, me brutalisait une fois qu'il avait bu. Seul lui avait le dernier mot, seul lui pouvait me répudier. J'étais sa bonne à tout faire. Il savait d'avance que ce ne sont pas toutes les femmes qui sont faites pour le mariage et surtout pas pour subir ce genre d'humiliations. Il m'avait terrorisée. J'avais une peur bleue de lui, rien que sa voix que j'entendais au loin me paralysait.

J'ai donc décidé de quitter le foyer conjugal. Le dernier jour, je lui ai annoncé devant mes cousins et en présence de sa famille et amis, que je voulais rentrer chez moi à Tchibanga, que tout était terminé entre nous, parce que la vie était devenue difficile pour moi et pour nos enfants qui, malgré leur jeune âge, étaient terrorisés par cette violence. Il a mal pris cette nouvelle et s'est transformé en un véritable fauve. Avant mon départ, il m'a frappée violemment comme pour me donner un au-revoir.

Le jour-même, un de mes cousins qui en avait marre de voir ce qu'il me faisait endurer chaque jour, décida de passer à l'acte. Il lui donna une belle leçon dont il s'est souvenu très longtemps. Il l'envoya à l'hôpital avec vingt points de suture sur le crâne pour arrêter l'hémorragie. Le lendemain, je rentrais chez mes parents avec mes trois enfants dans les bras. J'étais heureuse de retrouver ma famille, mes amies et surtout de retrouver la paix et la tranquillité. J'avais vingt-trois ans seulement, mais j'en faisais trente-cinq. L'année suivante, je repris le chemin de l'école.

Serge n'avait pas voulu que je reprenne mes études. Il me répétait inlassablement qu'une femme est faite pour la cuisine, pour s'occuper de sa maisonnée, pas pour aller chercher les gros diplômes qui n'en valent pas la peine. Je savais qu'il était jaloux et ne voulait pas que j'aie un niveau d'éducation plus élevé que le sien. Parce que nous avions été dans la même classe naguère.

« Avoir un niveau de cinquième secondaire pour une femme c'est suffisant, même assez ! » disait-il sans gêne. Comme s'il savait ce que je voulais faire de ma vie. « Mes sœurs ne sont pas allées à l'école. Toutes sont mariées et vivent bien avec leur mari. Toi, t'as eu de la chance d'avoir des parents qui t'ont envoyée à l'école, et tu devrais te réjouir de ce que tu as appris. Mais moi, Serge, je n'enverrai jamais une femme à l'école. Une femme est faite pour la cuisine, faire la lessive de son mari, s'occuper de ses enfants, c'est tout. »

J'ai eu la malchance de ne rencontrer sur mon chemin que des personnes détruites dans l'âme. Ayant raté elles-mêmes leur vie, elles se sont opposées à la mienne, à ma réussite. Celui qui a échoué dans la vie cherche un bouc émissaire, quelqu'un de vulnérable, une proie facile qui a été, elle aussi, victime d'injustices. C'est ainsi que la personne aigrie se sent soulagée et accompagnée dans ses souffrances.

J'ai honte de ma faiblesse, de ma naïveté, des erreurs que j'ai commises dans le passé. Je ne savais pas par où commencer pour arrêter cette hémorragie qui perdurait et détruisait ma vie. Je redoutais de ne pas pouvoir assumer seule une vie de célibat, de ne pas avoir la capacité d'éduquer seule mes enfants. Refaire ma vie à zéro devenait impossible. Rien que d'y penser me provoquait une douleur à l'estomac, surtout après treize années de vie commune avec Mike. Je ne voulais pas les perdre comme ça. Mettre un terme à une relation de couple n'est pas évident, malgré tout ce que l'on peut vivre.

Aussi étonnant que cela puisse paraître, jamais je n'ai eu le courage de raconter ma vie d'enfance ou d'adolescence à Mike. Aujourd'hui, avec le recul, je me dis que j'ai eu raison de ne pas le faire. Il aurait utilisé ces arguments pour m'enfoncer le couteau dans la plaie, en me rendant coupable. Il n'a jamais su que mon fils Cédric n'était pas le fils de Serge, mais que son père s'appelait Louis. Il ne m'a jamais entendu prononcer le nom de ce violeur qui a brisé ma vie. Et même après sa mort, et malgré les années qui se sont écoulées, son nom me laisse encore un goût amer dans la bouche.

En vingt-quatre ans, c'est la première fois que ce nom passe mes lèvres. Serge non plus d'ailleurs n'a jamais su qui était le père de Cédric, ni dans quelles circonstances cet enfant a été conçu. Il a toujours cru que le père de l'enfant avait disparu. En fait, ce violeur avait déjà entamé des poursuites judiciaires contre moi parce que je ne voulais pas l'accepter comme étant « le père de mon fils ». Sa mort a été une délivrance pour moi. Même si c'est difficile à dire.

J'ai voulu croire à ma deuxième relation autant qu'à la première. Partout où je suis passée, on m'a toujours dit que la femme était le pilier d'un foyer. Elle peut connaître l'invivable aujourd'hui et le bonheur demain. Chaque chose en son temps, me disaient mes sœurs africaines. Il faut de la patience dans un foyer, sinon tu passeras d'un homme à l'autre jusqu'à ta vieillesse. La femme africaine tient beaucoup à la stabilité et au maintien de son foyer.

Je sais qu'il y a des hommes africains qui se respectent, qui savent aimer leurs femmes et qui sont très sensibles aux problèmes que subissent leurs épouses au quotidien. Il y en a qui sont à l'écoute et qui savent protéger leurs femmes. Je voudrais tout de même souligner que tous les hommes africains ne sont pas des abrutis. Blancs, jaunes ou noirs, il y a des bons et des mauvais, et il faudrait que cette catégorie d'hommes honnêtes, respectueux et humains soit représentée dans nos consciences. Je reconnais qu'il y a une minorité qui se comporte en sauvage, en dictateur et que ce sont ces hommes-là qui donnent une mauvaise image de tous les hommes, et en particulier des hommes africains.

La culture africaine a un côté un peu pervers qui est basé sur l'éducation féminine, sur des règles qui ne concernent que très peu les hommes et qui renforcent la culpabilité que les femmes ressentent lorsque ça ne marche pas dans le foyer : « C'est ma faute s'il y a des problèmes dans mon foyer. Je dois faire en sorte que ça n'arrive plus, il faut que ça marche comme chez les autres : ma voisine, ma sœur, ou mes copines. Il n'y a pas de raison que ça ne marche pas aussi chez moi. »

En réalité, on n'est pas forcément coupable de ce qui se passe à la maison. Mais puisque la culture dit que la femme doit prendre tout sur elle, c'est-à-dire accepter tous les torts pour le bonheur de son foyer, la femme noire voit alors les choses de cette façon là – chez moi au Gabon.

Ainsi, j'ai grandi avec cette éducation qui me portait préjudice. Chaque fois que je partais de la maison de Mike, je revenais toujours sur ma décision sans savoir que non seulement cela me détruisait encore davantage, mais aussi et surtout que je mettais ma vie en danger. En voulant respecter la coutume.

« Je comprends pourquoi Serge t'a renvoyée chez tes parents au village, disait Mike. Je lui donne pleinement raison aujourd'hui. J'aurais fait la même chose. Je peux te dire que tout ce que tu as vécu chez Serge était ta faute. Tu es la seule responsable de ce qui se passe dans ta vie. »

XIII

APRÈS MA SÉPARATION d'avec Serge le 13 septembre 1985, je repartis à Tchibanga avec un bébé de dix mois dans les bras et deux autres enfants de deux ans et trois ans. Et deux mois plus tard, je perdis ma toute petite – c'était le 22 décembre 1985 – d'une maladie assez bizarre, le kwashiorkor, causée par la malnutrition. À cette même date, Serge était arrêté pour détournement de fonds publics et emprisonné à la prison centrale de Port-Gentil. Comme quoi un malheur n'arrive jamais seul...

La nuit où mon bébé a rendu l'âme, j'étais profondément endormie dans le lit avec elle et ma tante, la grande sœur de ma mère. Elle m'avait demandé d'aller chez elle au village pour la soigner. Mais les choses ne se sont pas passées comme prévues. Pourtant, ce soir-là, ma fille avait bien mangé avant que nous allions nous coucher.

Vers quatre heures du matin, je fus réveillée par un cri perçant. Celui de ma tante qui m'annonçait brusquement que ma fille était morte pendant que je dormais. Dans un premier temps, j'ai cru faire un rêve, un mauvais cauchemar peut-être, et que si je me réveillais, j'oublierais ce que j'avais entendu ou cru entendre dans mon sommeil. Mais mon cauchemar est devenu réalité quand je me suis frotté les yeux. J'ai compris que rien ne serait plus pareil. Une partie de moi a disparu avec elle le jour de son enterrement. Mon oncle m'a dit ce jour là, pendant que nous étions encore au cimetière: « Regarde comment le cercueil de ta fille descend au fond de cette terre, c'est toi qu'on enterre comme ça, parce que c'est ta chair... »

J'étais restée éveillée jusqu'à une heure du matin au moins avec elle. Elle me paraissait pourtant assez bien en forme, mais je me demande encore aujourd'hui comment cette mort est arrivée aussi précipitamment. Pourquoi pendant que je dormais ? Tant de questions auxquelles je ne saurais trouver de réponse, car seule ma tante qui dormait avec moi ce jour-là pourrait vraiment m'expliquer comment ça s'était passé, mais elle n'est plus de ce monde. Finalement, mon bébé n'a pas eu la chance de vivre sur cette terre ; elle et moi avions failli mourir ensemble le premier jour de sa naissance à Port-Gentil lorsque son père s'était jeté sur mon ventre, alors que j'étais déjà à terme.

Mike, à qui j'avais révélé cette histoire, ne cessait pas de me rappeler à chacune de nos disputes que j'étais coupable de la mort de ma fille. Malheureusement, je ne pouvais revenir en arrière pour effacer tout ce que je lui avais dit à propos de mes malheurs et de mes erreurs du passé. L'erreur était déjà commise, impossible de gommer ce secret de la tête de Mike. Il ne pouvait que toucher là où ça faisait mal pour me rendre responsable de ce qui se passait entre lui et moi.

★
★ ★

Étant donné ma situation, je me sentis finalement obligée de quitter la ville de Leuven. C'était une question de vie ou de mort. Je n'en pouvais plus. Mike était tellement décidé à me renvoyer en Afrique qu'il était prêt à mentir sur n'importe quel sujet pour me mettre dans le trou.

« Je ferai tout pour qu'on t'expulse de Belgique, disait-il. Vivante ou morte. il va falloir que ta famille te rééduque, parce que pour moi, ils ne t'ont vraiment donné aucune éducation de base. »

Au Gabon, il arrive que l'homme prenne la décision de renvoyer son épouse dans sa famille pour une durée indéterminée parce qu'elle ne suit pas les conseils de son époux. La femme peut rester d'une année à trois ans, voire plus. Jusqu'au jour où le mari décide de venir la chercher.

En 1998, soit cinq années après mon arrivée à Leuven, je décide donc d'aller vivre à Bruxelles avec mes enfants. Fuyant mon agresseur qui me cherchait avec hargne et détermination. Il m'était interdit de sortir de Belgique par les autorités belges qui menaient à bien leur enquête. Mike avait deux femmes qui avaient le même nom, la même année et le même lieu de naissance. On voulait également savoir qui était la vraie mère des enfants de Mike.

À Leuven, dans cette ville flamande, je me faisais agresser devant la porte de mon appartement, tout comme à l'entrée de l'immeuble où j'habitais, ainsi que dans les rues de la ville. Il arrivait que j'appelle la police au secours et que l'on me dise pendant que je me faisais agresser : « Parlez en néerlandais, Madame, parce que vous n'êtes pas dans une ville francophone. » Mike me crachait sur le visage, me battait, m'insultait, me laissait parfois nue devant les gens pour m'humilier. Lui et moi étions tristement célèbres dans cette petite ville. La police de Leuven reconnaissait ma voix même au téléphone. Je pouvais leur téléphoner cinq à six fois par jour, parce que Mike restait en permanence dans les corridors de mon immeuble, à me piéger. Il suffisait que je sorte pour jeter la poubelle, Mike courait vite dans ma direction pour m'agresser. Il était toujours là, au bon moment pour ne pas rater sa cible.

En mars 1997, j'avais eu le courage de porter plainte contre mon ex-conjoint Mike, devant le juge de paix, pour une séparation de corps et aussi pour coups et blessures volontaires. Deux semaines plus tard, nous étions convoqués au tribunal. La décision fut prononcée en ma faveur. Le juge interdit à Mike de m'approcher et de circuler à moins de deux cent mètres de mon domicile. Cette ordonnance du tribunal le rendit encore plus belliqueux, brutal et sauvage. Dès lors, ma vie devint de plus en plus invivable.

Personne ne pouvait mettre les pieds chez moi. Mike renvoyait systématiquement ceux qui tentaient de me rendre visite. J'étais complètement coupée du monde extérieur parce qu'il régnait en fauve devant mon appartement, dans les rues avoisinantes, déterminé à me détruire. Malgré l'intervention des forces de l'ordre, il luttait avec un acharnement déterminé, aussi bien avec moi qu'avec les enfants. Sans répit, il livrait des bagarres à ceux ou celles qui passaient me dire un petit bonjour. Nuit et jour, il rôdait dans les couloirs du bâtiment. Il passait le reste de son temps entre les étages, du premier au cinquième, faisant des allers et retours, pour voir si quelqu'un allait se présenter devant ma porte. Il m'empêchait de vivre, de respirer. Il me privait de ma liberté. Et tous mes mouvements étaient contrôlés. Lui qui avait été condamné par le juge, pouvait se permettre tout. Il montrait à tout le monde qu'il était au-dessus de la loi et qu'il se fichait de la décision du juge.

« Ce juge qui m'interdit de venir ici dans cet appartement, sait-il seulement comment je t'ai fait venir en Belgique ? me faisait-il remarquer. Il sait combien j'ai dépensé pour vous ? Qu'il me rembourse les billets d'avion et je vous fiche la paix. »

Bien que Mike ait récupéré l'argent des billets, cela ne lui suffisait toujours pas. Il m'obligea de lui rembourser l'intégralité de la somme qu'il avait dépensée pour l'achat des billets d'avion de ses enfants. Ce que je fis des mois plus tard, croyant que ce serait enfin la paix. Mais non, après avoir encaissé la somme, il me rappela que la seule façon pour moi de vivre en paix serait que je rentre au Gabon définitivement. « Tant que tu vivras ici en Belgique, tu n'auras jamais la tranquillité. »

Les femmes africaines qui sont maltraitées par leur mari restent sous le toit conjugal malgré elles. Elles ont peur de décevoir leur propre famille et se retrouvent prisonnières parce qu'elles n'ont pas d'argent pour prendre en charge seules l'éducation de leur progéniture. D'autres, par contre, malgré la pression des parents, malgré les enfants, et, malgré les conditions de vie précaires, arrivent à se défaire des règles, des coutumes et préfèrent aller souffrir chez elles pour prendre un autre envol.

Par moments, j'ai envie de crier « Au secours ! » Mais qui m'entendrait et qui surtout viendrait à mon secours ? Dans notre société, tout le monde a peur de se mêler de ce qui ne le concerne pas. L'atmosphère est aussi tendue que pathologique, il est inévitable de voir de nouvelles rumeurs venir s'ajouter aux anciennes.

La confiance est une chose fragile. Un rien suffit pour l'ébranler. Toujours le même rythme. Depuis mon retour à la maison, je ne dors pas assez. Deux mois se sont écoulés. Mike me fait chanter : pression, viols avec intimidations et insultes. Je suis à bout de force.

— Tu penses que c'est brillant de faire étalage de sa stupidité devant tout le monde ? me souffle t-il à l'oreille. Repars sans t'agiter, silencieusement, au Gabon, comme tu es apparue. Sans les enfants et sans faire de boucan. Si tu veux rester en vie encore longtemps. Allez ! Ne sois pas aussi bête que tes pieds, Madame ! Tu viens dans le lit parce que je dois vider ma vessie. Elle est pleine et c'est maintenant que j'ai envie, avant de rentrer chez moi !

Il me prend de force par les cheveux, en présence de mes filles. Me projette dans le lit comme une pute.

— Surtout n'essaie pas de m'en empêcher ! Sinon, je vais t'en donner une en plein visage !

Encore une fois, je vis la fin du monde. Tout s'éteint autour de moi, c'est l'apocalypse. Je demeure dans un silence absolu et il faut que je me taise parce que sinon, à la moindre contrariété, je subirais en plus du viol les coups et les insultes. Sans résistance, je cède. Il me rappelle que c'est lui le chef, c'est lui qui a le dernier mot. Puisque je n'ai pas le choix, je me laisse pénétrer. Je sens que mon ventre me brûle, à cause de la douleur de mes règles. Tout le lit est trempé. Il est au dessus de moi et ricane fortement. Entre temps, les enfants ont été enfermés dans la salle de bain pour qu'elles ne voient pas ce qui se passe. Mais je sais qu'elles entendent tout et savent qu'il y a forcément quelque chose de pas bien qui se passe. Les gémissements de Mike, ses cris et sa respiration, tout résonne puissamment. Je suis anéantie, souillée, humiliée. Prenant mon mal en patience. Une douleur pénétrante. Mon corps est atteint, il lui appartient. Mais mon âme ne lui appartient pas. Ce corps pour moi est mort. Il n'existe plus depuis fort longtemps. Seul Dieu est témoin.

— C'est pour cela que tu ne veux pas repartir à Libreville, non ! hurle-t-il. Je vais te montrer. Hein ! C'est ce que tu veux non ! Parce que, là bas, personne ne voudra plus de toi ! Et tu le sais bien que personne ne va plus s'intéresser à toi, avec cette marmaille d'enfants que t'as. N'oublie pas aussi que tu es une vieille déjà. Qui est-ce qui pourra te prendre en mariage ? Dis-moi ! Voilà pourquoi tu as peur. La peur de vieillir seule sans un homme à tes côtés, c'est ça, n'est-ce pas ? Ça te rend malade !

Étais-je vraiment vieille et stupide comme il me le répétait inlassablement lorsqu'il me faisait subir tous ces viols ? Pendant toutes ces années pénibles que j'ai passées à ses côtés, j'avais toujours souhaité qu'il tombe amoureux d'une autre femme, afin qu'il me laisse vivre en paix. Je pense que ça aurait été une libération pour moi. Seulement non, il était tellement obnubilé par l'idée de me voir disparaître de cette planète qu'il ne pouvait s'intéresser à d'autres femmes. Aucune femme, pas même Laurencienne, ne pouvait le convaincre de m'oublier. Personne ne pouvait l'empêcher d'accomplir ces actes odieux à mon égard.

Je redoublais inlassablement mes prières devant mon Dieu, le Dieu de miséricorde. Toi, mon Père, qui as été témoin de toutes mes calamités et de tous mes supplices, je me remets à Toi. Seul Tu peux me venir en aide pour mettre un arrêt aux agressions dont je fais l'objet.

En tant que femme, j'acceptais qu'il était de mon devoir de donner mon corps à mon mari. Et de le satisfaire sexuellement, mais à condition que nous soyons consentants, pour le bon fonctionnement de notre couple et pour notre épanouissement, s'il y avait encore de l'amour, bien entendu. J'aurais même trouvé un peu normal qu'il me brutalise, qu'il me baise comme une salope, qu'il jouisse comme un fou.

À présent, les choses ont changé, ce n'est plus pareil. Nous ne sommes plus un couple et je ne suis plus véritablement sa femme. Il est et restera le père de mes enfants, certes, mais cela ne lui donne pas le droit de commettre cet acte qu'il vient d'accomplir sur moi.

— Je ne t'ai pas violée, je t'ai fait l'amour, disait-il chaque fois qu'il m'y obligeait. Ce sont les Occidentaux qui parlent de viol dans un couple. C'est hallucinant ce que j'entends au pays des Blancs. Et vous admettez que c'est vrai, parce que vous, les femmes africaines, vous pensez maintenant comme eux. Ces gens qui n'existent qu'à travers leur logique, leurs lois qui ne tiennent pas debout. Chez nous, ça n'existe pas, ce genre de choses. Jamais, je n'ai entendu ma mère dire que mon père l'avait violée. C'est en Europe que j'entends ce genre de choses. Qu'une femme accepte ou pas de faire l'amour avec son mari, cela n'est pas un viol, lorsque le mari force les choses. Pourquoi voulez-vous que ce soit un viol ? Que diriez-vous alors lorsqu'il s'agit d'un inconnu ?

C'est normal pour Mike de me prendre avec brutalité lorsqu'il veut faire l'amour, que je sois d'accord où pas : à partir du moment où il veut faire l'amour, je suis sa femme, je dois toujours dire oui. Il m'a fait subir une succession de viols dans la violence. Dès que j'essayais de m'y opposer, je recevais des coups sur la tête, dans les côtes et des gifles en plein visage pour me montrer qu'il était le chef et que le dernier mot lui appartenait.

Je savais que cet homme voulait à tout prix m'affaiblir, me rendre coupable de quelque chose dont je n'étais pas responsable, me rendre folle. Pour pouvoir retourner la situation à son avantage. Sinon, pour me faire disparaître sur la planète. Cependant, mes enfants, je ne les abandonnerai jamais, pas aux mains d'un tyran comme lui qui n'a aucun sens de la famille, aucune morale. Il est hors de question que je disparaisse comme si de rien n'était, sans que mes enfants ne sachent où est passée leur maman.

Un matin comme tant d'autres, je me dépêche de sortir du bâtiment, fuyant Mike en tremblant comme une esclave en face de son maître – c'était devenu mon quotidien. J'attends devant l'ascenseur. L'ascenseur arrive et je m'embarque avec mes deux filles. Au troisième étage, d'autres personnes nous rejoignent. Je sais que Mike est peut-être là, au rez-de-chaussée, à m'attendre pour me rouer de coups. Il peut aussi m'attendre à l'arrêt du bus pour me faire honte devant tous ceux qui se trouvent là. À cet arrêt, lorsque j'arrivais le matin, tout le monde se retournait pour me regarder à la dérobée. Je finissais par m'habituer aux regards des gens. Il était imprévisible et à tout moment il pouvait me surprendre pour m'attaquer, n'importe où.

Dès que l'ascenseur s'ouvre, Mike est là devant moi. Il tient dans ses bras un long tournevis. Il me donne un premier coup que j'évite de justesse. Tous ceux qui étaient avec moi à l'intérieur ont commencé à fuir dans tous les sens. Finalement, un homme assez courageux essaya de le maîtriser de force. Il reçut un coup de poing en pleine face. Une dame appela la police avec son téléphone portable. Lorsque la police arriva, Mike m'accusa d'être une voleuse d'enfants. Et que c'est pour cette raison qu'il m'agresse depuis longtemps parce que je ne veux pas lui donner ses enfants. Il explique aux policiers que je suis venue en Belgique pour accompagner ses enfants, qu'ensuite je devais repartir au Gabon. La preuve en est, je vis illégalement dans ce pays.

— Cette femme est dangereuse ! crie-t-il à haute voix. Elle a toujours fait ça. Demandez-lui ses papiers, Messieurs. Elle est clandestine ici en Belgique. C'est une femme qui fait des allers et retours entre l'Afrique et l'Europe. Elle fait le trafic d'enfants. Elle refuse de me rendre mes enfants parce qu'elle veut plus d'argent.

Cette information ne tombe pas dans l'oreille d'un sourd. La police veut maintenant en savoir davantage.

— Ce sont vos filles, Madame ? me demande la police.

Je réponds que oui.

— Ce sont mes enfants à moi, que j'ai eus avec monsieur ici présent.

Mike fait comprendre aux policiers que je ne suis pas la mère de ses enfants et que je suis une folle qui ne sait plus ce qu'elle fait : il est temps qu'elle soit internée en psychiatrie, dit-il, car aussi longtemps qu'elle sera dehors, la vie de ses enfants sera en danger.

Les enfants ne sont plus parties à l'école. Mike et moi sommes embarqués dans la fourgonnette de la police pour vérification d'identité. Il est relâché parce qu'il a une carte d'identité provisoire qui lui permet de vivre là légalement. Quant à moi, je suis conduite à l'Office des Étrangers. On prend alors mes empreintes pour les comparer à celles de Laurencienne, la femme officielle de Mike. Au milieu des gendarmes et des policiers, je suis humiliée, huée. Ils me traitent de salope, de menteuse, disent qu'il va falloir qu'on m'envoie chez un psychiatre pour voir si je ne souffre pas de troubles mentaux. Direction l'aéroport de Zaventem pour qu'on vérifie mon passeport gabonais, si c'est un vrai passeport. Parce que plus personne ne me croit. Toute explication est remise en cause.

À la sortie du commissariat, j'aperçois Mike qui s'en va avec mes enfants. Il me sourit ironiquement, comme pour me rappeler : Qu'est-ce que je t'avais dit ? Tu étais prévenue.

Nous arrivons à Zaventem, La police et la gendarmerie m'ordonnent de sortir de la fourgonnette. Nous traversons l'endroit où les gens enregistrent leurs bagages. Les policiers se perdent dans l'aéroport et ils sont obligés de se renseigner auprès des voyageurs pour savoir à quel étage se trouve le service de vérification des passeports. J'ai des crampes à l'estomac, ma bouche est sèche. J'ai peur de demander même un verre d'eau. Parce qu'on croira que je joue un jeu, que je cherche la pitié. Alors je préfère me taire, attendre la suite des événements.

Mike m'avait avertie que, de gré ou de force, il me ferait repartir au Gabon sans les enfants. Aujourd'hui, il a réussi. Jamais je ne douterai de ses paroles. Il m'a montré qu'il est fort, qu'il est invincible, et qu'il est au dessus de la loi.

Je ne comprends pas pourquoi la police l'a laissé repartir chez lui. Alors qu'elle devait d'abord nous entendre tous les deux. Je suis affaiblie, anéantie, perdue, stupéfaite. Je me dis que je ne reverrai plus jamais mes enfants. À partir de maintenant, je remets mon sort entre les mains de Dieu. Je sais d'avance qu'on peut m'expulser d'une minute à l'autre parce que je suis à l'aéroport, là où on expulse les étrangers en situation irrégulière.

À l'intérieur du bureau des passeports, je suis encerclée par tous ces hommes. Ce que j'ai trouvé drôle ce jour-là, c'est qu'il n'y avait aucune femme parmi eux. Tous me posent des questions auxquelles je tente de répondre comme je peux. On ne me laisse pas finir de répondre à une question qu'une autre est déjà posée, sans me laisser le temps de réfléchir. J'ai dû subir un interrogatoire de plus de cinq heures.

Après ces épreuves, je suis remise dans la fourgonnette. Nous reprenons l'autoroute E 40 en direction de Leuven. Je me demande ce qu'on va faire de moi. Nous arrivons là, vers vingt heures. Je suis de nouveau entendue au commissariat de Leuven. Je suis finalement libérée à deux heures du matin. À ma sortie, je suis surprise de voir Piero devant le commissariat. Je lui demande ce qu'il vient faire dans cet endroit maudit. Il me répond qu'il venait à ma rencontre parce qu'il savait que personne n'allait venir me chercher. Il n'était même pas sûr que j'allais être libérée. C'est en sillonnant le quartier qu'il avait aperçu par hasard une fourgonnette bleue de la police passer. Il poursuit ses explications en me disant qu'il a fait semblant de venir demander un renseignement aux policiers qui étaient debout devant le portail pour essayer d'apercevoir la personne qui sortait de la fourgonnette. Et c'est alors qu'il m'a vue sortir. Il s'est dit qu'il m'aurait attendue dans la rue jusqu'au lendemain s'il le fallait.

Auparavant, je ne savais pas que Piero était très humain. Depuis ce jour-là, je le considère comme un frère.

— En fait, m'explique-t-il, j'ai rencontré Mike dans la matinée avec les enfants qui se dirigeait vers l'immeuble où tu habites. Il m'a dit que tu avais été arrêtée et que, sous peu, tu allais être expulsée de Belgique. Il avait l'air très heureux.

Quand j'arrive chez moi, Mike me fait comprendre que je ne suis plus admise à rentrer dans l'appartement, parce que, d'après lui, je devais déjà être dans l'avion pour le Gabon. Il avait déjà vidé une moitié de mes affaires, disant que c'est grâce à lui que je suis en Belgique. Et que si je n'étais pas venue en Belgique, je n'aurais pas eu tous ces ennuis. Il me dira par la suite que tout ce que j'ai acquis dans ce pays lui appartient. Parce que c'est lui qui a acheté mon billet d'avion. Seulement, devant la police il dit le contraire. Il prétend qu'il ne me connaît pas du tout. Il dit même aux enfants que je ne suis pas leur mère. Si bien que mes enfants avaient des doutes. Elles me demandaient parfois : « C'est vrai que tu n'es pas notre mère ? C'est qui alors, notre mère ? Papa nous a dit que notre mère, c'est Laurencienne. »

Mike croyait que la police allait tout de suite prendre une décision à mon sujet du fait qu'il avait raconté que je n'étais pas la mère des enfants et que leur mère était Laurencienne, que je vivais illégalement en Belgique, que je faisais le trafic d'enfants. Il était loin d'imaginer qu'il ne s'agissait là que du début d'une enquête sans fin. Chaque semaine, j'étais convoquée au commissariat au moins deux fois. Sans compter les constantes visites des policiers qui devenaient ahurissantes, mais que je ne pouvais qu'accepter. Et le comportement des voisins vis-à-vis de moi. Je n'en pouvais plus.

Je n'ai jamais eu le courage de porter plainte contre Mike pour les affaires qu'il avait volées dans mon appartement, la liste étant trop longue. J'étais déjà traumatisée, et aussi je me sentais coupable de ne pas avoir pu fuir à temps avec mes enfants.

Mike m'avait encore frappée deux jours avant que je ne quitte Leuven. Il ne savait pas que je devais partir vivre dans une autre ville de Belgique. Pour aller me cacher. Je savais que si je restais, il me tuerait sans compassion. Je savais aussi que j'étais en train de courir des risques en partant de Leuven. Parce qu'il m'avait prévenue que si je quittais cette ville avec mes enfants : « Je les tue et je te tue aussi. »

La police aussi m'avait déjà prévenue de ne pas quitter la Belgique. Alors j'ai choisi d'aller à Bruxelles. Bruxelles étant la capitale de la Belgique, je ne courais vraiment pas de risque de ce côté-là. J'ai néanmoins prévenu la police la veille de mon départ, pour ne pas être recherchée.

Le jour où je partais de Leuven, heureusement pour moi, Mike ne s'est pas présenté cette matinée comme d'habitude, peut-être parce qu'il était déjà trop sûr de lui. Il savait que je n'allais pas fuir avec les enfants vu qu'on menait encore des enquêtes. Grâce à Piero qui m'a aidée à partir de là.

J'ai souffert de l'indifférence ou de l'incrédulité des autorités belges vis-à-vis de ma situation. Eux qui disaient qu'au fil du temps ça se réglerait, qu'il finirait par abandonner. Mike avait déjà compris qu'il ne pouvait pas s'inquiéter de ces gens-là. Combien de fois la police est venue chez moi et a trouvé Mike en flagrant délit, en train de me cogner dessus. Ils ne l'ont jamais pris pour l'enfermer. Et chaque fois c'était la même chose. Mes enfants et moi devions toujours fuir ici et là, chez des amis, dans les maisons de femmes battues pour essayer de nous protéger.

Présentement, ma situation ne me permet pas de prendre une décision définitive, de fuir tous ces individus qui me harcèlent jour et nuit, tous ces gens qui m'empêchent de vivre normalement. Seule, entre les quatre murs de l'appartement, je tourne en rond, je tourne sur moi-même. Rien. Tout est confus dans ma tête. Je n'ose ni téléphoner à un membre de ma famille, car j'ai honte, honte de moi. Je n'ai pas envie de déclencher une troisième guerre mondiale entre ma famille et les leurs. Finalement, je m'enfermais dans une bulle. Coupée du monde extérieur, plus de contact avec qui que ce soit. Je me retrouvais seule, face à mon « bourreau »... Lui obéissant au doigt et à l'œil. Et je ne veux pas non plus porter plainte contre ces diables qui me torturent. Au risque de me retrouver soit dans un canal ou dans l'avion avec des menottes aux poignets...

Le juge me dira peut-être : « Madame, vous nous racontez des niaiseries. C'est quand même votre mari, n'est-ce pas ? C'est lui qui vous a payé le billet d'avion pour venir ici en Belgique c'est ça ? Alors, s'il ne vous aimait pas, croyez-moi, il ne vous aurait même pas demandé de venir passer des vacances. Ce qui veut dire que c'est vous qui n'allez pas dans votre tête ! Est-ce que vous avez jamais été en psychiatrie ? Maintenant, vous rentrez dans votre pays vu que vous êtes en situation irrégulière ici. Sans vos enfants. Elles vont rester avec leur père parce qu'elles sont ici légalement. »

XIV

JE CROYAIS QUE MES PARENTS me soutiendraient, moi, si je leur expliquais tout ce que m'a fait subir Mike. Ça n'a pas été le cas. Depuis mon enfance, je n'ai jamais vu mon père me défendre, il a toujours été pour les autres, peu importe ce qui se passait. Que ce soit un membre de la famille ou pas. C'est toujours moi qui avais tort. Puisque je ressemble beaucoup à ma mère, je me demande si c'est la raison, ce manque d'amour à mon égard. Car je n'ai jamais compris ses réactions envers moi. Dans l'une des lettres que mon père envoya à Mike en 1995 en Belgique, il lui disait ceci :

> Si Célestine veut se comporter avec toi comme sa mère s'est comportée avec moi, têtue, irrespectueuse, insoumise, il faudra la rosser pour qu'elle comprenne qu'un mari, on le respecte. Elle est exactement comme sa mère. Elle a tout pris d'elle. Si elle veut te causer des problèmes aux pays des Blancs, tu la renvoies au Gabon. Comme ça, elle ira rejoindre sa mère.

Un père qui aime son enfant, qui est censé protéger sa fille, ne peut pas parler comme ça à un beau-fils violent. Mon père m'a carrément vendue à mon tortionnaire. Il a beaucoup contribué à la souffrance que Mike m'a fait endurer. Cela encourageait encore plus cet homme à me traiter comme il le voulait. J'étais une moins que rien. J'ai longtemps souffert de ce manque de dialogue entre mon père et moi. J'en souffre encore aujourd'hui. Je n'ai jamais eu une bonne relation avec mon père, lui et moi n'avons jamais été complices, comme je voyais mes copines avec leur père. J'ai longtemps été blessée par ce manque d'amour. À aucun moment, mon père ne m'a encouragée ou ne m'a soutenue. Sait-il seulement aujourd'hui comme j'en souffre encore ? Même quand j'étais petite, mon père pouvait offrir des cadeaux à mes demi-frères et demi-sœurs en ma présence. À moi, il demandait toujours d'attendre la prochaine fois. « Parce que tu es l'aînée », disait-il. La même chanson revenait chaque fois. J'allais pieds nus à l'école alors que les autres avaient des chaussures.

Dorénavant, Mike a le feu vert de son beau-père, il sait qu'il est soutenu par lui, il a le pouvoir sur moi. Rien ne l'arrête. La police belge et le tribunal ne lui font pas peur, il croit qu'il est au dessus de tout.

Mike voulait que je lui laisse les enfants afin qu'il bénéficie des allocations familiales et que sa future épouse continue d'utiliser mon nom. Mike, l'homme que j'ai longtemps aimé, m'a reniée devant les autorités belges. Il a préféré faire passer sa maîtresse pour son épouse légitime et la mère de ses enfants. Il disait aux policiers que j'étais l'instigatrice, une briseuse de couple, la perturbatrice qui veut déranger son foyer. Celle qui veut se faire passer pour son épouse alors qu'il est marié avec une autre. Tout cela me paraissait ahurissant.

Mike voulait avoir un contrôle absolu sur moi. C'est lui qui, désormais, gardera les clés de ma valise, elle restera ouverte jusqu'à nouvel ordre. Plus de téléphone. Et pas d'argent non plus. C'est de cette façon qu'il va procéder pour atteindre son but. Son but principal est de m'écarter, moi la mère naturelle, pour en imposer une autre. C'est ce que j'ai compris depuis longtemps. Cependant, je ne laisserai jamais ce couple diabolique gagner ce combat. J'irai jusqu'au bout. Je n'abandonnerai pas mes filles surtout, elles sont à moi. Je suis la mère et je le resterai tout au long de leur vie, même au-delà des frontières, jusqu'à la mort.

— T'as deux choix, souligne Mike. Ou bien tu acceptes de coucher avec moi quand je te le demande et sans résistance, parce que tu sais de toute manière ce que ça va te coûter. Ou alors tu plies tes bagages immédiatement et tu disparais tranquillement sans faire de bruit comme tu es apparue ici.

Je faisais d'incommensurables efforts pour ne pas flancher,

pour ne pas répliquer, pour ne pas lui cracher sur le visage. Et je suis restée longtemps avec lui. Pour subir encore et encore. Pour me faire humilier jour et nuit. Car sa méchanceté allait au-delà des limites. Il est très difficile pour moi de décrire le degré de méchanceté et de haine que Mike avait envers moi.

J'ai tellement de choses à dire mais c'est bien dommage que je ne sache pas écrire. Pareillement, lorsque je pense à tout ce que j'ai pu endurer, tout ce que j'ai vécu pendant et après ma séparation d'avec Mike. Il y en a eu trop et je pense que je m'en souviendrai toujours. Pourtant, tout me semblait être oublié et brusquement cette longue et pénible histoire vécue pendant des années s'est mêlée à d'autres mauvais souvenirs de mon enfance jusqu'à l'âge adulte. Ces mauvais souvenirs qui étaient enfouis au plus profond de moi ont refait surface. J'ai inconsciemment tenté de masquer toutes ces péripéties durant toutes ces années. Je ne voulais plus m'en souvenir. J'ai dû rassembler puzzle après puzzle pour essayer de comprendre tout ce qui s'est passé dans ma vie. Des choses qui, pendant des mois, des années, m'ont empêchée de vivre. De mener une existence quasi normale. D'être épanouie comme les autres. Moi, pauvre imbécile.

Cependant, les confidences de mon ami Piero m'ont été très utiles. Désormais, je m'en sers pour trouver une solution aux obstacles que je suis en train de traverser dans ce pays.

Je sais que ce n'est pas facile que l'on me croie, mais, n'empêche que je raconte ma version des faits du début à la fin. même si cela peut paraître insensé aux yeux de nos familles respectives et même aux yeux de tous. Qui peut comprendre comment je me suis fait avoir ! Généralement, les femmes de mon âge ont déjà acquis une certaine expérience de la vie. Me faire avoir par mon conjoint, le père de mes enfants, n'est pas vraisemblable aux yeux des gens et des juges en particulier.

— Je téléphonerai à toutes celles et à tous ceux qui te connaissent à Libreville, menace Mike, pour leur dire d'aller t'accueillir à l'aéroport Léon-Mba, et voir comment tu descends de l'avion. Afin que toutes tes copines qui rêvent de venir un jour en Europe ne fassent pas la même chose aux hommes. Tu leur serviras d'exemple. La grande gueule que vous les femmes africaines faites lorsque vous êtes en Europe. C'est fini ça maintenant. Et je vais bien me moquer de toi ce jour-là. J'attends cet événement avec impatience. J'aimerais te voir avec les mains liées dans le dos. Cela m'amuserait.

J'avais compris depuis fort longtemps, dès le premier jour où j'étais arrivée avec les enfants en Belgique, que je vivais dans notre appartement sans être réellement chez moi. J'ai vécu aux côtés de quelqu'un que je n'avais pas eu le temps de connaître avant de m'engager. Je n'ai jamais compris pourquoi une telle violence, pourquoi un tel acharnement et surtout pourquoi une telle haine envers moi.

Je crois que Mike ne prévoyait pas les impacts et l'engrenage des événements qui l'attendaient. Il se sentait invincible et au-dessus de tout. Car, il n'y a pas de mot assez fort pour qualifier ce monstre qui me battait, me violait, me menaçait, me harcelait, m'intimidait enfin, pourrissait ma vie au lever du soleil comme au coucher. C'était épuisant, aussi moralement que physiquement. Je ne ressentais plus que de l'horreur dans ses yeux. Ses yeux rouges écarquillés, qui exprimaient une violence et une vulgarité choquantes. Pourtant, je n'avais jamais remarqué la couleur des yeux de mon compagnon lorsque je l'aimais encore. C'est au fil du temps que j'ai commencé à m'en apercevoir. Et je crois que c'est la colère, le dégoût et la peur que j'avais de lui qui faisaient que je ne pouvais plus rien voir de beau en lui.

J'ai laissé cette violence s'installer dans ma vie sans le vouloir ni le comprendre non plus. Une seule personne pouvait comprendre, juger, protéger et décider. C'était moi, bien entendu.

Sans espoir et sans soutien psychologique, ni protection. Je me heurtais à un mur d'incompréhension et d'injustice. Je ne croyais plus au pouvoir des lois qui se retournaient toujours contre ceux et celles qu'elles étaient censées protéger. Pendant toutes ces années, je croyais que Mike finirait par s'en lasser, mais au fond, non. La situation n'a fait qu'empirer.

M'insulter, me cogner, m'humilier lui faisait du bien. C'était sa façon à lui de se sentir valorisé, de se sentir merveilleusement bien au-dessus de moi. La violence, il l'avait dans le regard, dans les mains, dans les gestes et dans le sang. Était-il seulement conscient de ce qu'il me faisait subir à moi et aux enfants ? Je n'en sais rien... je pense que lui seul pourrait répondre à cette question.

Longtemps j'ai voulu partir loin, quitter ce pays pour aller recommencer ma vie à zéro, avec mes enfants. Pas même retourner dans mon pays bien que j'y aie laissé mes premiers enfants depuis plusieurs années. Ces enfants me manquent énormément. Si je pouvais, je partirais les chercher comme un éclair pour ensuite fuir avec eux loin, là où personne ne me retrouverait. Mais je dois me rendre à l'évidence que la vie ailleurs ne sera pas facile non plus. Même si je sais que je pourrais retrouver ma liberté, ma tranquillité, la paix du cœur et, par-dessus tout, jouir de mes mouvements comme je le souhaiterais. À force de vivre des méchancetés tous les jours, ça vous pousse vous aussi à faire pareil. Le cœur devient dur comme une pierre. Dur avec les autres et dur aussi avec soi-même. La méchanceté de cet homme me pénétrait si bien que je ne pouvais plus me reconnaître dans ce que je faisais. La gentille femme que j'avais été dans le passé n'y était plus, j'étais devenue une autre.

Je souhaitais même que malheur arrive à ce monstre. Qu'il ait un accident mortel ou quelque chose de grave pour qu'enfin je retrouve ma tranquillité. Si j'avais alors appris qu'il lui était arrivé le pire, j'aurai fêté sa mort, car elle aurait été une libération inconditionnelle.

Financièrement, je n'étais pas en mesure d'aller tout recommencer à zéro ailleurs. Car cela n'est pas simple du tout. C'est bien plus difficile encore lorsqu'on a des enfants. J'ai vécu plusieurs années en Belgique et malgré tous les problèmes, j'y prends goût. Je m'habitue, d'une part aux rafales, aux tempêtes et à toutes ces humiliations. C'est comme si inconsciemment je me sentais obligée de rester.

Je n'en pouvais plus de changer de domicile tout le temps, fuyant mon compagnon. Les coups dans les rues, les menaces de mort, la violence devenaient de plus en plus fréquentes. Chaque fois que je déménageais, Mike me retrouvait la semaine suivante. Comme si quelqu'un était toujours là au moment où je déménageais pour ensuite lui indiquer ma nouvelle adresse. Je n'en pouvais plus. J'avais commis la pire des erreurs en lui disant que je ne serais plus jamais sa femme. Selon lui, je ne devais pas lui dire ça. C'était à lui de me dire que c'était fini. Cette rupture le rendait fou furieux parce qu'il ne voulait pas perdre son pouvoir et son autorité sur moi. Perdre sa propriété privée, sa chose... Il se sentait puissant quand il me donnait des coups. Je ne pouvais me défendre physiquement face à lui, c'est ce qui lui assurait le succès.

Ces amis lui disaient : « Tu es un homme fort, Mike. Toi au moins tu peux cogner sur une femme qui refuse d'obéir et c'est comme ça que les autres comprendront qu'un homme est maître. Il est le roi, le seul et l'unique chef de la maison. »

Les autorités de l'ambassade du Gabon en Belgique m'ont plusieurs fois menacée verbalement. Certains fonctionnaires se déplaçaient de Bruxelles à Leuven où j'habitais pour venir me dire : « Si tu ne veux plus te réconcilier avec ton mari, il n'y a aucune raison pour que tu restes encore ici en Belgique. Tu n'es qu'une honte pour les femmes gabonaises dans ce pays. » Aucun d'entre eux n'a jamais eu le courage de faire comprendre à Mike que ce qu'il faisait n'était pas humain. J'étais une mauvaise femme parce que leur ami et frère était en difficulté avec les autorités. Et tout ça était ma faute, c'était à cause de moi. Connaissaient-ils seulement sa véritable histoire ? Son vrai visage ? Savaient-ils pourquoi Mike avait tout le temps des problèmes avec les forces de l'ordre ? Non, je ne pense pas qu'ils étaient au courant de tout ce qui se passait dans sa vie réelle.

Mike est un être véritablement pervers et sans scrupules. Il a toujours su comment aborder les gens pour faire croire qu'il était la victime, qu'il ne comprenait pas ce qui lui arrivait, qu'il avait eu la malchance de rencontrer une folle sur son chemin. Un vrai manipulateur, qui voulait se faire passer pour quelqu'un d'irréprochable, de bien. Et ça a marché grâce à sa langue qu'il n'avait pas dans sa poche.

Je savais que si je disais toute la vérité aux autorités gabonaises concernant le problème du dossier qu'il avait à l'Office des Étrangers, il me tuerait. Alors je n'ai pas pu les mettre au courant de ce qui se passait entre Mike, Laurencienne, Alan (le cousin de sa maîtresse) et moi. J'avais peur de représailles.

Plusieurs fois j'ai été trahie par mes amies qui au départ ne connaissaient pas Mike. Une fois qu'elles l'ont rencontré, elles tombaient amoureuses de lui ou elles devenaient ses amies intimes. Et du coup, j'étais mise à l'écart. J'avais la malchance d'avoir des amies qui étaient des femmes délaissées par leur conjoint, qui vivaient seules avec leur progéniture. C'était leur manière aussi de se défouler sur une autre personne aussi faible et aussi vulnérable qu'elles. Le désespoir et le manque de confiance en elles les rendaient comme des louves ou des lionnes, prêtes à mordre n'importe qui. La haine qu'elles avaient envers leurs ex-conjoints les poussait à tomber facilement dans les bras de ce monstre qui les mordait par la suite. Les problèmes que je traversais les aidaient à ignorer leurs propres souffrances. Elles se sentaient réconfortées dans leur méchanceté.

Mais puisque mon compagnon avait une mission bien déterminée à accomplir, il ne restait pas longtemps avec ces femmes-la. Son problème était seulement de me faire voir qu'il était fort à tous les niveaux et que je n'avais qu'à accepter de revenir dans ses bras.

Un jour, j'ai reçu une convocation écrite portant le cachet de l'ambassade et me convoquant pour régler ce conflit qui perdurait entre Mike et moi. En réfléchissant, je me suis dit que je ne voulais pas prendre ce risque, vu que j'étais clandestine dans ce pays. Quelques jours plus tard, Mike vint lui-même m'annoncer que j'avais eu de la chance. Il était tellement en colère qu'il n'a pas pu se retenir. Il m'a dit : « Tout était mis en place ce jour-là à l'ambassade pour que tu sois expulsée vers le Gabon. On était tous en colère contre toi. Si tu t'étais présentée ce jour-là, on allait te prendre de force pour te mettre dans un avion militaire gabonais. Il était d'ailleurs question de te droguer avant de te conduire à l'aéroport. »

Je reste silencieuse en entendant cette histoire, hébétée.

Le premier conseiller de l'ambassade du Gabon en Belgique est le cousin de Mike. Cet homme m'a toujours détestée. Il n'a jamais pris le temps de savoir pourquoi Mike et moi avons toujours eu des conflits. Pour lui, je suis une mauvaise femme, une maudite. Et Mike venait me répéter ce que disait son cousin à mon propos.

Même dans ma communauté, je n'étais pas la bienvenue. On me fuyait comme la peste. À cause de mon compagnon qui racontait des salades à mon sujet. Mes compatriotes me montraient du doigt lorsqu'ils me croisaient. Mes pauvres filles ont tout vu et tout subi dans cette ville. Ce pays ne m'a pourtant pas fait de mal, ce sont les personnes les plus proches de mon entourage qui ont fait en sorte que je ne puisse pas m'y plaire.

Je pensais qu'en rompant cette union tout allait s'arrêter. En quittant mon conjoint, je croyais mettre fin à mon calvaire. Mais en fait, c'était tout le contraire car mon enfer venait tout juste de commencer, pire qu'avant...

Nous dormions ici et là en évitant de croiser Mike. J'abandonnais carrément mon appartement et me réfugiais chez des amies pendant des semaines, des mois, hors de la ville. Mais mes efforts restèrent vains. Nous ne nous sentions toujours pas en sécurité mes enfants et moi, terrorisées, épuisées. Nous avons dû fonctionner ainsi pendant plusieurs mois. Je revenais la nuit avec une amie en voiture, furtivement nous prenions quelques vêtements de rechange, avec la peur au ventre. Ayant compris ce jeu, un jour, il défonça la porte de mon appartement et prit tout ce qui lui plaisait : poste téléviseur, stéréo, frigidaire, congélateur, vêtements pour enfants et pour moi, jusqu'aux draps de lit, pour ensuite aller revendre le tout à ses amis qui l'incitaient à nous faire du mal. C'est un de ses amis, mon voisin à cette époque, avec qui je m'entendais bien, qui, deux ans plus tard, me révéla ce manège. Malgré cela, il n'était toujours pas satisfait. Pour lui, ce n'était pas fini, il voulait toujours en faire plus.

Pendant des années, je me suis enfermée dans la honte. J'avais honte de moi, honte vis-à-vis de mes enfants qui voyaient leur maman se faire tabasser, se faire insulter, se faire dénigrer, se faire humilier devant tout le monde. Chaque fois, c'était la même chose. Ces enfants qui voulaient que leur mère prenne une décision défi-nitive pour retrouver sa dignité, pour sauver sa peau et, surtout, pour les protéger. J'étais presque incapable de partir. Comme si, inconsciemment, je m'étais plu à cette infernale violence.

Je pensais pourtant à partir tous les jours. Je le souhaitais tout le temps. J'avais tellement peur que le fait d'y penser me donnait envie de vomir. Tout pour moi devenait difficile, compliqué. Vivre à nouveau le stress des papiers, les démarches administratives qui n'en finissent pas. En regardant mes filles, je me demandais si ce n'était pas égoïste de ma part de les éloigner de leur père, malgré son indifférence à leur égard. Parfois, je me disais oui, ça vaut le coup d'aller tout recommencer à zéro dans un autre pays pour retrouver la tranquillité. L'essentiel est que je puisse ne plus avoir peur quand je sors. Pourvu que je retrouve la paix et la joie de vivre. Parce que j'aime la vie, malgré tous les déboires qu'elle m'a réservés.

C'est ainsi, que le 30 juin 1998, dès la fin de l'année scolaire, je partis de Leuven pour Bruxelles avec mes deux filles. J'étais heureuse de quitter la ville flamande où nous avions tant souffert. Et j'espérais que Mike m'oublierait.

Ce départ fut comme un bouffée d'air frais. J'étais soulagée de savoir qu'enfin j'allais pouvoir vivre dans la tranquillité avec mes enfants, sans que quelqu'un ne vienne me chercher ni à la maison ni dans les rues de la capitale.

Toutefois, je ne voulais pas prendre le risque d'aller vivre seule dans un nouvel appartement avec mes enfants. Il y avait là deux chambres. Ainsi Piero, que je retrouvais à Bruxelles avec joie, me proposa d'en prendre une.

— Nous allons partager la poire en deux, vu que le loyer est assez cher, dit Piero. Je vais venir avec toi, afin que nous partagions le loyer. Et je ferai tout ce qui est en mon pouvoir pour vous protéger. Tu es devenue comme une sœur pour moi. Tu es une femme très sympathique, Célestine, je ne peux tolérer que l'on vous fasse du mal, aux enfants et à toi. N'aie surtout peur de personne, même pas de cet homme qui te traumatise avec les enfants.

Cette phrase m'a beaucoup réconfortée et rassurée.

Désormais, nous avons donc partagé le même logement avec Piero. La même cuisine et la même salle de bain. Grâce à lui, je pouvais me sentir en sécurité. J'étais même surprotégée par mon complice ! Mais je dois avouer que cette protection a été loin d'être vraiment bénéfique pour moi. Piero voulait savoir tout ce que je faisais. Il a même commencé à m'imposer des règlements stricts. Je pouvais recevoir une amie sans problème. Par contre, une présence masculine le rendait fou. Quoique je l'aie toujours considéré comme un frère, jamais je n'ai eu l'idée de sortir avec lui, et jamais je ne lui ai promis quoi que ce soit. Juste de l'amitié. Nous avons vécu ensemble dans le même appartement tout un mois. Je n'en pouvais plus de ses remarques et de sa façon de me regarder avec insistance. Alors, je lui ai demandé d'aller chercher un appartement ailleurs de peur qu'il ne me considère comme étant sa propriété privée. Le jour de son déménagement, Piero m'a fait des scènes de jalousie, tel un mari qui se plaindrait du comportement de son épouse. Il continua malgré tout à me rendre visite quand il le voulait et lorsqu'il le souhaitait. Pour moi, il était simplement un ami frère, mais rien d'autre.

En arrivant à Bruxelles, je savais que ça n'allait pas être facile pour moi. J'étais toujours en situation irrégulière, ce qui voulait dire que la police belge pouvait m'embarquer à tout moment. Je n'avais en mains qu'un permis de séjour, que je renouvelais une fois par mois. Ce papier avait été délivré par le ministère de l'Intérieur le jour où j'avais été arrêtée par la police pour trafic d'enfants et usurpation d'identité. Une fois la vérité établie, je devais absolument quitter le sol belge, avec ou sans mes enfants. Car rien ne prouvait que j'étais la véritable mère de ces petites filles.

D'autre part, je savais que Mike pouvait me retrouver n'importe où et à n'importe quel moment de la journée comme de la nuit. Je n'étais donc toujours pas sortie de l'auberge. Et effectivement, deux semaines seulement lui ont suffi pour qu'il me retrouve.

Un samedi matin, tôt, je suis réveillée par le bruit de la sonnerie de mon appartement. Dehors, le soleil d'été transperce déjà les murs de ma chambre qui donne sur la route. Mon appartement est au rez-de-chaussée. À travers ma fenêtre, je vois passer les gens. En me levant de mon lit, j'aperçois une voiture garée avec quatre hommes à son bord. Deux hommes de race blanche occupent le siège avant et deux Noirs sur le siège arrière. Heureusement, j'ai le réflexe de ne pas ouvrir la porte. C'est Mike et Monsieur X, dont je ne peux citer le nom.

Que cherchent ces gens ? Que me veulent-ils ? Je suis stupéfaite, abasourdie. Qui leur a indiqué où j'habite ? Comment ont-ils fait pour trouver ma nouvelle adresse ? Tant de questions me traversent l'esprit. J'explique à Piero – qui est encore chez moi – que j'ai vu une voiture garée juste à hauteur de ma chambre.

— Sais-tu qui était à l'intérieur de cette voiture ? C'était Mike avec Monsieur X, plus deux hommes de race blanche que je n'ai jamais rencontrés. Ou du moins leurs visages ne me semblent pas familiers.

— Je le savais, dit Piero.

— Tu savais quoi ?

— Mon ami Mikael m'a dit il y a plus d'une semaine qu'il avait aperçu Mike dans les parages. Je ne voulais pas te le dire, sinon tu allais paniquer.

— Tu savais depuis plus d'une semaine que Mike avait retrouvé mon adresse et tu ne m'as rien dit ! Tu deviens aussi dangereux qu'eux, Piero. Je ne sais plus si je dois encore te faire confiance.

— Je vais t'expliquer ce qui s'est passé, Célestine. J'ai rencontré Mikael la première semaine juste après notre arrivée. J'ai eu tort de lui avoir indiqué notre adresse. Je ne savais pas qu'il allait me trahir, je lui faisais confiance.

— Tu avais dis à ton ami Mikael que nous habitions ici ? Mais tu es fou ! Trouve-toi un autre appartement Piero ! Je ne veux plus cohabiter avec ceux qui me trahissent. Comment veux-tu que je te fasse encore confiance ?

Je m'étais rendu compte que Piero espérait qu'un jour je devienne sa femme. Ayant compris que je ne céderais pas à ses avances, il m'a montré alors un autre visage. En commençant par me trahir auprès de ses amis qui étaient aussi des amis de Mike. Les deux hommes se retrouvaient presque dans les mêmes endroits. Et Piero, en m'apportant son aide, voulait qu'en retour je lui sois reconnaissante. Je devais donc lui offrir mon corps. Puisqu'il n'a pas eu ce qu'il souhaitait, il est devenu agressif verbalement. Une fois, ça a failli mal tourner entre nous, il voulait carrément me frapper parce qu'il m'avait vu parler à un homme que j'admirais. Je lui ai dit que s'il osait me toucher, j'appellerais la police. Et lui de me rétorquer : « Est-ce que tu as des papiers en règle pour faire appel à la police ? » Je lui ai répondu que bien que je sois en situation irrégulière, s'il me tuait, il irait en prison. « Car, à ce moment-là, la police ne cherchera pas d'abord à savoir si je vivais légalement ou illégalement avant de te foutre en prison. Tu seras aussi considéré comme un meurtrier, point à la ligne. » Pour moi, Piero devenait aussi dangereux que Mike.

— Tu veux te venger de moi parce que je ne veux pas coucher avec toi, c'est ça, hein ? Jamais je ne deviendrai ta femme ! J'ai dit jamais, tu m'entends ?

J'en avais marre de toujours avoir des problèmes. Heureusement, à la fin juillet 1998, Piero trouva un appartement. À une rue derrière le mien...

XV

SEPTEMBRE 1998, c'est la rentrée scolaire. Je dois inscrire mes enfants à l'école. Je n'ai pas d'autre choix que de sortir de la maison matin, midi et soir. J'accompagne mes enfants à l'école Saint-Joseph-Saint-Rémi, à vingt mètres de la maison. J'ai choisi cet établissement parce qu'il était à deux pas de là où j'habitais, cette petite distance me permettant de faire des allers et retours sans courir. Je pouvais aller prendre mes enfants à l'heure de midi afin qu'elles mangent à la maison puis les ramener à une heure trente. Je savais qu'il y avait ainsi moins de risque de rencontrer Mike sur mon chemin.

Le temps a passé vite, si vite que je ne me suis pas tout de suite rendu compte qu'il m'était plus qu'indispensable et important de suivre une formation me permettant de trouver du travail, afin de subvenir aux besoins essentiels de mes enfants. En octobre 1998, je me suis donc inscrite dans un centre de formation pour apprendre un métier : je voulais devenir secrétaire.

Je sais que je n'ai pas de papiers dans ce pays, mais en attendant la décision des autorités, je peux apprendre un métier. Je ne sais pas quand je serai convoquée la prochaine fois, mais si je peux, j'aimerais pouvoir rentrer en Afrique avec un diplôme d'ici. Je ne vais quand-même pas arrêter de vivre. Si l'on peut m'accepter dans une école sans pièce d'identité, pourquoi pas ?

Arrivée au centre de formation, j'explique brièvement ma situation pour avoir la certitude de pouvoir commencer. Je n'ai plus la carte d'identité de Laurencienne qu'elle s'était fait établir par l'Office des Étrangers à mon nom. Elle m'a été retirée depuis que Mike a tout révélé aux autorités belges. Je me présente avec cet ordre de quitter le territoire dans tous les services publics lorsque j'ai besoin d'un document officiel. Et mon passeport gabonais est le seul document qui me reste pour prouver que je suis gabonaise. Et le seul qui va me permettre de prouver aux autorités le jour de l'audience que c'est moi la vraie Célestine Mavoungou et pas une autre.

Dans ce centre d'apprentissage, ceux qui n'avaient pas de diplômes supérieurs devaient absolument passer des tests. Ce que je fis. J'ai réussi sans difficulté. Mike m'avait toujours rappelé : « Tu es sans diplôme, alors tu es nulle... Comment veux-tu que l'on te respecte si tu n'as pas de diplôme supérieur ? » Non seulement il me le disait à moi, mais il le disait aussi à tous ceux qui voulaient l'entendre. Pour me rabaisser, me diminuer devant les autres et que l'on se dise : « Ah, on comprend pourquoi ta femme réagit de cette façon. C'est parce qu'elle n'a pas fait de longues études. »

Dans le milieu africain, c'est un sujet qui fait beaucoup marrer. On est méprisé à cause de cela. Ceux qui se sont arrêtés en secondaire sont peu considérés par rapport à ceux qui sont allés à l'université. Mike est allé à l'université, pourtant d'aussi loin que je m'en souvienne, quand il écrivait à quelqu'un, ou lorsqu'il envoyait une lettre de motivation à une société pour la recherche d'emploi, il sollicitait assez souvent mon aide. Seulement, il n'avait pas le courage de dire à ses amis et connaissances qui me traitaient avec mépris que, bien que je ne sois pas arrivée loin dans mes études, j'avais autant de connaissances que lui.

Après ma réussite, le directeur de l'établissement me conseilla d'aller présenter la lettre d'admission dans ma commune, au service des Étrangers. Il pensait qu'on me donnerait peut-être un document officiel me permettant d'étudier en toute quiétude. Sans ce document, il ne pouvait pas m'accepter dans son établissement.

Je savais dorénavant qu'il était impossible que mon problème soit résolu avec une simple lettre du directeur d'un centre de formation. Vu la gravité des faits que l'on me reprochait. Puisque je veux avoir une profession qui puisse me permettre d'avoir une dignité, je dois montrer que je suis capable de progresser.

Le lendemain, tôt le matin, je me présente à la commune. Je trouve une longue file et tout le monde se bouscule, cherchant à être servi le premier. J'avance à petits pas dans la file. Quand mon tour arrive, je prends ce bout de papier qu'on donne à chacun, à l'entrée. Une fois à l'intérieur, on attend qu'on appelle le numéro qu'on a. Mon cœur bat à tout rompre... je remets mon sort entre les mains de « l'Éternel ». Je sais que tout peut arriver à cet instant. À deux numéros avant le mien, j'ai failli m'en aller, de peur qu'on appelle la police pour m'arrêter. Il est arrivé que quelqu'un vienne pour renouveler sa pièce d'identité et qu'on l'arrête sur le champ. J'ai vu ça plusieurs fois, à la télé comme à la commune de Leuven où j'habitais. Mais, je dois prendre mon courage à deux mains et me dire que je ne suis pas seule, car je sais que je suis protégée par le Seigneur, Il est là avec moi...

Mon numéro apparaît sur l'écran, je me présente devant le guichet, ensuite je tends la lettre et la décision de l'Office des Étrangers.

— Qu'est-ce que c'est, Madame ? me demande la dame derrière le guichet.

— C'est le directeur de l'établissement dans lequel je dois étudier qui m'a remis cette lettre pour confirmer mon inscription. Je voudrais savoir si vous pouvez faire quelque chose. Puisque je n'ai pas de carte d'identité. J'ai seulement ce papier que je présente partout comme étant ma seule pièce d'identité.

Après avoir scruté un moment son ordinateur, elle me demande d'attendre quelques instants devant le guichet. Elle se lève avec mes deux papiers, traverse le couloir et se dirige dans un autre bureau. Quarante-cinq minutes plus tard, elle revient avec les documents en main. Je transpirais de la tête aux pieds. Je ne pouvais pas fuir pour ne pas aggraver la situation.

De retour, elle m'observe un moment, me sourit puis me dit :

— Le ministère de l'Intérieur nous a donné l'autorisation de vous établir une carte d'identité provisoire pour une durée de six mois. Ce qui veut dire qu'il vous faudra renouveler cette carte tous

les six mois. Vous devez revenir demain avec vos photos. Seulement, les enfants devront attendre avant d'être inscrits à la même
adresse que vous.

J'ai failli avoir une crise cardiaque. Jamais je ne pouvais imaginer une seule seconde que dans ce pays où l'on expulse les gens
tous les jours on puisse m'établir une carte d'identité provisoire. Je
commence à reprendre un tout petit peu confiance.

Le lendemain matin, je reviens comme convenu. Mais, cette
fois-ci je suis reçue devant un autre guichet par un autre agent de
la commune. On m'établit la fameuse carte d'identité avec laquelle
j'ai pu commencer ma formation, que j'ai terminée avec succès.
« La plus grande joie n'est pas de ne jamais tomber, mais de se
relever à chaque chute », disait Confucius.

Le 20 octobre 1998, Mike et Laurencienne sont convoqués à
la Commission permanente des recours des réfugiés pour être
entendus. Leur demande d'asile n'avait pas toujours abouti. J'avais
été informée de la date à laquelle le couple allait se présenter
devant les trois juges de la Commission. Personne ne les avait pré-
venus de ma venue. Ils ont été consternés. Je me suis présentée
avec mon avocate à l'audience. Nous avons été entendus dans trois
salles différentes. Grâce en partie aux résultats des enquêtes
menées par les autorités belges et suite à mon témoignage, la
demande d'asile de mon ex-compagnon et de sa maîtresse a été
rejetée. On lui donna l'ordre de quitter le territoire et lui interdit
de remettre pied sur le sol belge. Mike était furieux parce que
j'avais saboté sa demande d'asile et surtout celle de maîtresse. Il
promit que j'allais en payer les frais.

J'ai été étonnée de voir que les autorités belges avaient fait
venir mon dossier de la demande de visa que j'avais faite au
Gabon en 1993. Cela m'a beaucoup aidée. J'ai été soulagée et je
me suis dis qu'enfin ils avaient compris que je disais la vérité.

Comme on dit : « Faites preuve d'optimisme pour faciliter la venue des bonnes choses. »

L'assesseur délégué avait statué ainsi :

« [...] *Considérant par ailleurs que l'incapacité du requérant à s'expliquer de manière satisfaisante sur les motifs pour lesquels la nommée A.N. Laurencienne a, lors de sa demande d'asile en novembre 1992, usurpé l'identité de l'épouse de son amant, Mavoungou Célestine (voir à ce propos le rapport de l'Office des Étrangers du deux septembre 1997, pièce nº 14) dont il vit actuellement séparé, séparation confirmée par cette dernière à l'audience, renforce cette suspicion. Considérant que les autres documents dont l'origine demeure douteuse ne sont pas de nature à restituer aux déclarations du requérant le crédit qui leur fait totalement défaut. Que le recours doit, en conséquence, être rejeté pour défaut manifeste de fondement.* »

Mike avait vécu pendant plusieurs années en Belgique sans statut fixe. Il « payait les frais » de sa duplicité et de ses manœuvres frauduleuses. De mon côté, je m'étais trouvée sans statut officiel en Belgique de 1993 à 1998. Mais on allait enfin me rendre justice. Dans les motifs expliquant leur décision, les trois juges firent en effet les constats suivants :

« *Que la requérante avait été contrainte d'introduire une demande d'asile sous un faux nom ; qu'elle avait fait l'objet de manipulations de la part de son ex-compagnon ; qu'elle n'avait pas osé dénoncer ces faits parce qu'elle était à la merci de son ex-compagnon qui la battait et qui utilisait les enfants comme moyen de chantage ; qu'elle craignait des représailles de la part de Mike M., de sa famille, de la famille de sa maîtresse et des autorités gabonaises ; que son ex-compagnon entretenait des liens étroits et fréquents avec les autorités diplomatiques gabonaises en Belgique ; et que les nombreuses menaces proférées à l'encontre de la requérante par son ex, les mauvais traitements qu'il lui a fait subir, la connivence manifeste de ces autorités avec ce dernier et les accusations de trahison dont elle a fait l'objet constituaient un faisceau d'indices suffisant, qui permettaient de penser qu'elle ne pourra pas bénéficier d'une protection suffisante de ces autorités.* »

L'octroi du statut de réfugiée par la Belgique aurait normalement dut contribuer à régler mes problèmes. Malheureusement,
mon succès ne fit qu'attiser la hargne, la cruauté et l'acharnement
de mon ex-compagnon à mon égard.

Le 20 octobre 2001, j'ai obtenu la nationalité belge, suite à
une demande de naturalisation.

Cette même année-là, en vertu d'un programme de régula-
risation du statut de personnes ayant séjourné depuis longtemps
en Belgique (un programme d'amnistie), Mike reçut le statut de
résident permanent, en dépit des délits qu'il avait commis, en
dépit de toutes les plaintes que j'avais déposées à son encontre, en
dépit des voies de fait, des agressions à mon endroit.

Dans sa conclusion, le texte de la décision accordant le statut
de résident à Mike, la déléguée du ministre belge a clairement
indiqué sa frustration d'avoir à accorder ce statut à mon ex-compagnon, par l'usage d'italiques en caractère gras et soulignés :

*« Attendu que le dossier fait mention d'éléments pénaux, entre
autres, abus de confiance et faits de violence à l'encontre de sa femme [...] »*

et, juste avant sa signature, la même invitation à désigner Mike
comme une menace légitime :

*Qu'il appartient au Ministre d'apprécier un éventuel danger pour
l'ordre public. »*

Malheureusement pour moi, le ministre ne donna jamais
suite à cette invitation, de la part d'une humble fonctionnaire, à
faire déporter Mike.

Bien que nous ayons été séparés depuis de longues années,
Mike venait régulièrement chez moi sous prétexte de voir ses
enfants. Bénéficiant maintenant du statut de résident et encouragé
par l'impunité dont il jouissait auprès des autorités belges, il devint
de plus en plus hardi dans sa persécution. Il a abusé de moi de
toutes les façons possibles. J'ai dû porter plainte auprès des autorités

belges des dizaines de fois, sans succès. Lui, fier de son nouveau statut, se sentait au-dessus de la loi.

En 2000, j'étais tombée enceinte à la suite d'un des viols de Mike. Je pris rendez-vous avec mon gynécologue pour me faire avorter, parce que je ne voulais pas garder l'enfant d'un violeur. Autrefois, j'avais déjà vécu ce cauchemar, maintenant il était hors de question que je revive la même chose. Le jour du rendez-vous, je suis reçue par la secrétaire de mon gynécologue qui me conduit dans la salle des ultrasons. Quelques minutes plus tard, c'est mon gynéco qui entre pour faire une échographie avant de pratiquer le curetage, selon la position du fœtus. Ils ont commis l'erreur de me faire voir les images, en me montrant ce petit dans mon ventre avec la petite main à la joue. Je leur ai demandé d'arrêter. Je ne voulais plus avorter. Je n'ai pas pu. L'image que le fœtus présentait était celle de la tristesse, celle de la désolation. C'est comme si lui et moi avions communiqué en disant : « Nous deux sommes les victimes de ce monstre. »

Le 28 octobre 2000, j'accouche d'une petite fille. Je ne voulais pas qu'elle porte le nom de son père, mais à la commune de Bruxelles-ville, on me dit que même séparés, à partir du moment où nous sommes mariés, l'enfant doit porter le nom de cet homme.

Mike et sa maîtresse avaient déclaré qu'ils étaient mariés. Puisque les autorités belges m'ont donné le même dossier que Laurencienne, j'ai été considérée moi aussi comme étant une femme mariée légalement. Mike et moi avions été mariés devant nos deux familles respectives en Afrique en août 1991, juste avant qu'il ne parte pour la Belgique en décembre de la même année.

★
★ ★

En 2004, l'ami de Mike, Monsieur X, que j'avais aperçu dans la voiture un matin d'octobre 1998 avec Mike, est venu me voir. Il m'a confié que récemment et à deux reprises, il avait accompagné son ami Mike à des réunions dans un immeuble de Schaarbeek, un quartier de Bruxelles. Il m'explique que lui et Mike avaient rencontré deux hommes originaires de l'Europe de l'Est et que ces deux hommes étaient des tueurs à gages. Il poursuit son récit en me disant :

— Mike a demandé à ces gens de t'éliminer, Célestine ! Mais de faire en sorte que ta mort semble accidentelle. Ils lui ont demandé une somme d'argent assez importante. Crois-moi, si tu ne fais pas attention à toi, tu vas perdre la vie comme une blague. Je lui ai dit que ce n'était pas bien de faire ça, que ses enfants ont besoin de leur maman. Je l'ai supplié d'arrêter, mais il est déterminé à t'éliminer. Il est temps que tu en parles à la police pour qu'on surveille ses déplacements.

Sans tarder, j'ai rapporté les propos de Monsieur X à la police. Mais je n'ai jamais reçu aucune information concernant cette affaire et j'ignore d'ailleurs si une enquête a été effectuée.

Deux mois plus tard, j'apprends par des personnes interposées que Mike et deux hommes de race blanche ont été arrêtés. Ces deux hommes prétendaient que Mike leur devait de l'argent, alors ils ont saisi sa voiture en guise de paiement. L'affaire s'est terminée à la police. J'ai compris que les hommes en question étaient les tueurs à gages que Mike avait voulu embaucher pour m'assassiner.

La déléguée du ministre avait souligné que Mike représentait un danger pour l'ordre public. Chaque jour, j'étais sur le qui-vive. Je savais que je pouvais perdre ma vie du jour au lendemain. Il est arrivé plusieurs fois que l'on sonne chez moi à des heures impossibles sans s'annoncer. Que quelqu'un vienne laisser une poupée sans tête devant la porte de mon appartement. Que l'on vienne déposer des lettres de menace de mort, disant qu'on me fera repartir dans un cercueil au Gabon, sans mes yeux. Je recevais des menaces de ce genre quotidiennement.

J'avais honte de lasser mon entourage qui, avec le temps, finirait par me juger, plutôt que de m'apporter leur soutien psychologique. Il faut aussi avouer que la violence s'installe avec la soumission, la dépendance, l'isolement, et la peur prend le dessus.

Peut-on expliquer l'incroyable comportement de Mike ?

Mon compagnon a voulu que je vive les atrocités qu'a vécues sa mère aux mains de son beau-père, lorsqu'elle était au Gabon. Né au Congo Brazzaville en 1959, congolais de père et de mère, il est arrivé au Gabon à l'âge de un an. Le papa biologique ayant refusé de reconnaître sa paternité, la maman fit la connaissance d'un autre homme qui vivait et travaillait à Libreville au Gabon et devint le père adoptif de Mike. Tout de suite, il prit une seconde épouse, comme il est de coutume dans mon pays et tout alors bascula. Ce fut un véritable cauchemar pour elle et pour son fils Mike. Enfant, il était maltraité, battu, chassé par son beau-père qui lui même se droguait et faisait des crises après avoir fumé des cigarettes illicites. Il faisait parfois dormir Mike dehors sous les yeux ébahis de sa maman. La violence faisait partie de son quotidien. Et jamais je n'avais pensé qu'il pouvait reproduire cette violence sur moi ou sur ses enfants.

L'école ne l'intéressait guère. Il passait son temps au cinéma avec sa bande de copains. Des années plus tard, le couple se sépara alors que Mike avait quatorze ans. À ce moment-là, sa maman fut obligée de rentrer chez elle au Congo avec ses enfants, y compris Mike bien entendu.

Mike me disait qu'il ne pourrait jamais faire du mal à une femme comme son beau-père faisait à sa mère quand il était petit. C'était difficile, disait-il. Je sentais la tristesse dans ses yeux, je sentais en même temps les larmes monter à mes yeux. J'avais même fini par avoir peur de cet homme lorsque Mike me racontait ce qu'il avait fait à sa mère. Comment se fait-il que quelqu'un qui était aussi conscient du mal que certains hommes font aux femmes puisse lui-même devenir encore plus méchant ?

Un matin, j'accompagnais mes enfants à l'école Saint-Joseph Saint-Rémi comme d'habitude. Juste au coin de la rue Square dans laquelle je vivais. Je rencontre une femme noire, d'origine congolaise, du nom d'Aristide. En s'approchant de moi, elle me demande si je venais d'arriver dans le quartier parce qu'elle ne m'a jamais rencontrée dans les alentours. Je lui réponds que oui.

— Je connais à peu près tous les Africains qui vivent dans le quartier, lance-t-elle.

Elle me fait des compliments en disant : « Vous êtes belle, Madame ! »

— Êtes-vous mariée ? me demande-t-elle encore.

— Pourquoi voulez-vous que je vous parle de moi alors que nous ne nous connaissons pas ? répliquai-je.

— Non, je vis seule avec mes enfants et je n'ai aucune amie avec qui partager certaines choses. Une amie que je pourrais considérer comme une sœur. Je suis attirée par votre élégance et votre sourire me fait craquer comme il doit faire craquer beaucoup d'autres, j'en suis sûre.

C'était la première fois que j'entendais une femme me lancer autant de compliments. Alors, naturellement j'ai été touchée, séduite par ses compliments qui n'en finissaient pas. Mais quelque part, je prenais tout cela avec réserve, vu mon expérience. Elle est venue me rendre visite le même jour. Sa rue était derrière la mienne. Petit à petit, notre amitié a grandi. J'étais sa petite sœur à elle. Elle me disait : « Tu sais que je suis jalouse en amitié, Célestine? Je ne voudrais pas qu'un jour une autre femme vienne te ravir. » Je la considérais désormais comme une grande sœur que je n'avais jamais eue. Elle élevait ses enfants seule, car son mari l'avait abandonnée pour une autre. Il était rentré au Zaïre avec sa maîtresse, laissant son épouse avec quatre enfants à Bruxelles sans se préoccuper de leur avenir. Elle était restée en Belgique sans papiers et sans travail. Un jour, elle me confia qu'elle avait été obligée de faire le trottoir pour nourrir ses enfants qui étaient encore en bas âge. Elle rentrait tôt le matin, avec du pain à la main, tandis que les enfants l'attendaient au bas de l'immeuble avec leurs Pampers de la veille et torse nu... Ainsi, les voisins avisèrent les services sociaux qui lui retirèrent la garde de ses enfants. Elle a dû se battre pour qu'on les lui restitue.

Mike débarque un après-midi à ma nouvelle adresse. Me disant qu'il voulait que je lui revienne. Je l'ai envoyé balader. « Jamais je ne te reviendrai », dis-je avec courage et détermination.

Et Aristide de commenter : « Si le père de mes enfants revenait me dire qu'il reconnaît tout le mal qu'il m'a fait, et qu'il veut que nous repartions sur de nouvelles bases, je lui reviendrais sans hésiter, parce qu'il est difficile au jour d'aujourd'hui de trouver un homme qui veut prendre une relation au sérieux. Le mieux serait de reprendre avec celui que tu connais déjà. » J'ai été scandalisée d'entendre de pareils propos.

Je lui réplique en disant que pour moi, cela ne pourra pas changer grand chose, même s'il reconnaissait ses erreurs publiquement, à la télévision. Ce que j'ai vécu et que je suis encore en train de vivre est trop fort pour que je puisse lui pardonner. Peut-être que ça prendra des années. Mais pour l'instant, je préfère vivre seule et je me sens bien comme ça.

Un matin, je me lève très tôt, à six heures, pour aller acheter du pain à la boulangerie qui se trouvait juste derrière ma rue, dans laquelle habitait celle que j'avais surnommé ma grande sœur. À ma grande surprise, je vois Mike sortir de chez Aristide avec elle, bras dessus, bras dessous... Comme des vrais amoureux. Je reste ébahie, stupéfaite. Après avoir acheté mon pain, je retourne chez moi vite parce que je dois accompagner mes enfants à l'école.

Oui, l'histoire d'Aristide m'a beaucoup touchée sur le coup. Quelque part, nos deux histoires étaient un peu semblables du fait que j'ai été moi aussi abusée par le père de mes enfants. Mais je ne pouvais imaginer qu'elle ferait ce qu'elle m'a fait. Le couple ne se cachait plus. Notre amitié s'était volatilisée. Et tout ce que je lui avais dit concernant la vie que Mike, elle lui a tout raconté en long, en large et en travers. Un mois a suffi pour qu'elle soit plaquée.

Je n'ai pas fait le trottoir, grâce à l'aide financière, matérielle et le soutien moral que m'apportaient deux autres amies, Diana et Annie. J'ai fait la connaissance de ces deux femmes lorsque mes filles étudiaient à Hamme-Mille, dans une petite ville francophone de Belgique, non loin de Leuven. Ma fille Jennifer a passé deux années primaires en même temps que la fille d'Annie, qui s'appelait Marie-Line, et Jessica la fille de Diana. Ma fille Doriane était encore à la maternelle, en troisième année. Toutes ces femmes et leurs enfants ont vu maintes fois Mike me frapper dans cet établissement scolaire, devant tous les parents d'élèves.

Diana était britannique, elle avait épousé un noir originaire de l'Ouganda et le couple avait décidé de partir de l'Angleterre pour vivre à Leuven avec leurs trois filles métisses. Son mari Peter étudiait à l'Université de Leuven. Diana m'apportait un soutien incontestable, autant au niveau financier que moral. Elle faisait tout ce qu'elle pouvait pour me protéger contre cet homme violent qui voulait absolument avoir ma peau.

· Un jour, nous revenions de l'école d'Hamme-Mille avec tous nos enfants dans la voiture de Diana. Pendant qu'elle essayait de se garer, elle me dit : « Célestine, j'ai aperçu quelqu'un dans le hall du bâtiment dans lequel tu vis. Et il me semble que c'est Mike. Je ne peux pas te laisser rentrer dans l'immeuble seule. »

J'ouvre la porte principale avec la clé, et c'est bien Mike qui est en face de nous. Sans tarder, il saute sur moi et me donne un coup de pied en plein visage, sur l'œil gauche. Je tombe par terre inconsciente. Diana n'a pas eu peur d'affronter cet homme que beaucoup de gens craignaient. Je ne savais pas que cette femme était aussi forte qu'un homme. Elle appela la police par la suite et fit état de ce qui s'était passé. J'ai été transportée à l'hôpital en ambulance. Une voiture de police nous suivait. En arrivant, je suis vite reconnue par une infirmière qui disait m'avoir déjà vue arriver plusieurs fois dans cet état. Mike était toujours libre comme l'air.

Quant à mon autre amie, Annie, belge d'origine, bien qu'elle vécût à treize kilomètres de Leuven, à Hamme-Mille, elle venait souvent me rendre visite. Elle débarquait toujours avec ses deux gros chiens, Bouboule et Princesse. Elle me rassurait : « Si un jour je trouve Mike en train de te taper dessus, je demanderai à mes chiens de le dévorer. » Elle lui avait dit une fois : « Tu n'es qu'un sale emmerdeur qui veut empêcher les gens de vivre. » Il n'a pas eu le courage de lui répondre. Mais moi, j'en ai payé le prix.

J'avais toujours peur d'expliquer à tous ces gens les problèmes que j'avais. J'avais peur que mon agresseur soit au courant de mes plaintes, de mes décisions et de tout ce que j'entreprenais. Car, que je le veuille ou non, il était toujours là, dans l'ombre, il me faisait suivre de partout... J'étais sous surveillance contrôlée, comme une prisonnière.

Un jour, je décide d'aller à la police de ma commune pour leur raconter tous les cauchemars que je vivais au quotidien. Je suis en face de deux policiers qui me disent : « Écoutez Madame, nous n'allons quand même pas poster des policiers devant votre porte pour vous protéger, non ? » Ils ont commencé à crier après moi comme si j'avais commis un crime. J'avais le sentiment qu'ils prenaient plaisir à me voir si tourmentée. « Si vous voulez être en sécurité, disaient-ils, restez chez vous tous les jours. » Je rentre à la maison, choquée de ce que je venais d'entendre. Je demeurais dans le silence. Il y a un proverbe qui dit : « Il ne faut pas allumer les feux que l'on ne peut pas éteindre... »

En 1997, je m'étais retrouvée dans une maison de femmes battues, dans une petite ville flamande avec mes deux enfants, fuyant toujours mon agresseur. Un soir, j'avais été réveillée en pleine nuit par les responsables du refuge qui me demandèrent de quitter la maison parce que les autres femmes battues ne voulaient pas voir une femme de race noire au même endroit qu'elles. Je ne savais quoi faire en pleine nuit avec mes deux filles. L'une des responsables a demandé à ses collègues de me déposer à la gare afin que je trouve une autre adresse. J'ai été abandonnée avec mes enfants au beau milieu de la nuit. Et nous avons passé la nuit dans la gare et dans le froid. Tôt le matin, je n'avais pas d'autre choix que de repartir chez moi à Leuven. Ainsi je passais d'un centre d'accueil à un autre centre d'accueil.

L'accumulation des menaces de mort constantes de la part de mon ex-compagnon, le fait qu'il songe à me faire liquider et l'indifférence des services de police, rendaient ma situation désespérée. La police belge semblait même avoir plus de compassion pour Mike qui me battait, que pour moi.

L'ambassade gabonaise à Bruxelles offrait une certaine protection diplomatique à Mike puisque son cousin y était le principal chargé d'affaires. Je n'étais pas la bienvenue dans cette ambassade. Un jour, lorsque je m'y suis présentée pour demander un document officiel de mon pays afin de prouver que Mike et moi n'étions pas mariés légalement, son cousin m'a dit clairement : « Je n'ai aucun document à te livrer ; tu n'avais qu'à repartir au Gabon, un point c'est tout. Il n'y aura jamais de divorce ici dans ce pays, entre mon cousin et toi. »

J'ai été priée de sortir de l'ambassade. Et je suis repartie sans faire de scandale.

XVI

EN 2002, J'AI FAIT LA CONNAISSANCE d'un autre homme et je suis tombée enceinte de lui en 2004. Son tempérament et son caractère étaient l'opposé de ceux de mon ex-mari. Je suis restée avec lui pour me sentir en sécurité et parce que je l'aimais aussi. J'étais contente, en dépit de mes craintes viscérales par rapport aux réactions éventuelles de mon ex-compagnon qui me considérait toujours comme sa propriété privée. Et lorsque Mike apprit la nouvelle, il explosa de colère, disant que jamais sa famille ne se laisserait souiller par un Congolais. Mike se considère plus gabonais que congolais de Brazzaville. D'ailleurs il n'a jamais accepté que l'on sache qu'il vient de là-bas. Il menaça de faire payer mon ami qui, harcelé constamment par mon ex-compagnon, finit par rompre avec moi.

Ma dernière fille est née en juin 2005. À sa naissance, les autorités communales de Bruxelles 1000 m'ont fait comprendre que mon bébé ne devait pas porter le nom de son père biologique parce que dans mon dossier, j'étais toujours mariée avec Mike. Ainsi, c'est le nom de Mike qui paraît sur l'acte de naissance de ma fille.

Je ne pouvais plus vivre comme ça, sous les menaces constantes de cet homme et de ses complices qui pourrissaient mon existence. Plusieurs fois, j'ai dû changer d'adresse avec mes enfants. Je n'en pouvais plus... Mes enfants ont été traumatisées. Elles faisaient souvent des cauchemars. Grâce à elles, j'ai tenu, ce sont elles qui m'ont donné la force et le courage de lutter. Ce sont elles qui m'ont dit : « Maman ! Il est temps que nous partions de la Belgique. Nous devons absolument nous sauver car nous avons encore besoin de toi. Parce que, si nous restons encore ici dans ce pays, papa va te tuer un jour et nous n'aurons plus de mère. Nous sommes encore trop jeunes pour te perdre. »

★
★ ★

Un matin de juillet 2006, je me lève pour aller prendre des renseignements dans des agences de voyage. Je demande à mes deux grandes filles de veiller sur leurs petites sœurs, parce que j'ai des courses à faire. Je ne leur précise pas le but de cette sortie soudaine. Mais je sais qu'à mon retour, elles seront contentes de savoir que nous pouvons maintenant partir de ce pays.

— Fais attention à toi, Maman, me dit Doriane. Tu sais que papa et ses complices cherchent à t'éliminer. J'ai peur qu'il t'arrive malheur car nous avons besoin de toi. Parce que sans toi, nous ne sommes rien.

Je la rassure qu'il ne m'arrivera rien, grâce à Dieu.

Je suis dans la rue Anspach. Je commence à prendre toutes les informations concernant les prix des billets d'avion pour le Canada, en partance pour Toronto. Le prix des billets au mois de juillet sont excessivement chers. Je sais d'avance que ça va être difficile pour moi de trouver l'argent pour les cinq billets d'avion à une somme aussi exorbitante. Je n'ai pas voulu prévenir mes enfants que j'allais acheter des billets d'avion. Ce que je voulais, c'est leur en faire la surprise. Mes enfants attendaient depuis toujours qu'on parte de Belgique car nos vies étaient en danger.

D'une agence à l'autre, les prix sont presque les mêmes. Au bout du compte, je suis déçue de ne pas avoir assez d'argent. Mais je me dis que je ne dois pas me décourager, car il y va de ma vie et de celle de mes enfants.

Ainsi, je continuais d'effectuer des recherches dans plusieurs agences pendant toute une journée et, n'ayant pas trouvé une agence où les prix étaient bas, je décidais d'aller faire des recherches sur Internet. Je me rendais le lendemain matin à Air France à la gare de Bruxelles-midi. Cette fois-ci, je demande à un ami-frère du nom de Gazal de m'accompagner. Je sais que, chaque jour qui passe, je prends des risques en restant dans la rue des Mariniers à Bruxelles. Tout peut arriver d'une minute à l'autre. Tous les jours, je reçois des menaces par téléphone, dans ma boîte aux lettres, devant la porte de mon appartement. Mon quotidien était devenu un enfer, j'étais à bout de souffle.

Il m'a fallu vider le peu que j'avais sur mon compte en banque, et utiliser ma carte de crédit, pour acheter les cinq billets d'avion. Les prix sont nettement plus abordables et je ne peux rater cette occasion. De retour à la maison, je demande à mes enfants de se réunir autour de moi.

— Venez mes enfants ! Maman est de retour. Vous savez quoi ? Nous allons enfin partir au Canada.

— Wow ! dit Jennifer, nous allons partir au Canada ? Je n'en crois pas mes oreilles. Enfin... nous allons laisser tous ces gens qui nous empêchent de vivre ici.

Toutes mes filles dansent, sautent et crient de joie dans le salon. Même les plus jeunes, qui ne comprennent pas encore ce que c'est, sont en joie. « Nous avons les billets d'avion, disent-elles, nous allons partir. » « Alors c'est quand le voyage, maman ? » demande Doriane en fouillant dans mon sac. Je lui dis que je ne peux dire le jour mais nous devons être prêtes pour la semaine prochaine.

Le 4 août 2006, nous partons de Bruxelles-midi pour Amsterdam en Hollande dans le Thalys (le train express). Arrivées à Amsterdam, nous attendons le vol d'Air Canada pour Toronto. Je n'ai pas voulu partir de l'aéroport de Zaventem à Bruxelles pour ne pas avoir de mauvaises surprises car Mike m'a toujours dit que si je quittais la Belgique, il me tuerait. Puisque j'étais suivie tout le temps, je savais dorénavant que si je fuyais avec les enfants de ce pays, Mike et sa bande me retrouveraient et me tueraient.

Au moment d'enregistrer les bagages, un homme me dit que je dois payer un supplément parce que j'ai trop de bagages. J'acquiesçais de la tête. Tout ce que je voulais, c'est de me retrouver vite dans l'avion. Une fois l'enregistrement fini, nous nous rendons dans la salle d'attente. Les enfants et moi sommes toutes contentes de prendre l'avion. Pour mes deux premières filles et moi, près de quatorze années s'étaient écoulées depuis notre départ du Gabon, en décembre 1993.

L'avion décolle à l'heure vers le pays de la liberté, là ou nous aurons aussi des droits comme les autres. Là-bas au moins, nous pourrons nous promener sans avoir peur que quelqu'un nous suive dans les rues, et personne ne viendra nous faire ce qu'ils nous ont fait en Belgique...

Nous avons fait un bon voyage. Juste quelques formalités à l'aéroport Pearson, et nous voilà dans la ville de Toronto.

Nous essayons maintenant de repartir sur de nouvelles bases en laissant tous ces mauvais souvenirs derrière nous. Ce qui est important pour nous aujourd'hui, c'est de profiter chaque jour au maximum de ce qui est beau. « La garde de soi-même est la plus importante des gardes. »

Quant à mes filles, elles me reprochent d'être restée aussi longtemps en Belgique alors que ma vie était en danger. Aujourd'hui, elles ont grandi. La plus grande a dix-huit ans et la plus jeune a cinq ans. Je suis très fière d'elles. Je sais que ça a été difficile pour elles. Mais aujourd'hui, tout va bien. Nous ne parlons que très rarement de tous ceux qui ont voulu nous vendre. Chaque femme qui m'a confié être victime de viol et de violence conjugale m'a aidée à retrouver l'envie d'aller de l'avant et d'apprécier la vie...

J'aimerais tant oublier.

Depuis 1993, je n'ai plus jamais revu mes enfants qui sont restés au Gabon. Je ne veux pas prendre le risque de retourner dans mon pays natal, car je sais que j'ai beaucoup d'ennemis là-bas. Il y a de grandes chances que Laurencienne et sa famille m'attendent. Son cousin à qui j'avais rendu service dans l'ignorance, lui aussi m'attend à Libreville puisque sa demande d'asile avait été rejetée par l'Office des Étrangers. Les parents de Mike ne me parlent plus, m'accusant d'avoir causé des problèmes à leur fils. À leurs yeux, je suis le diable. Tous m'en veulent d'avoir saboté leurs plans.

Le 30 mai 2003, Serge est décédé des suites d'une longue maladie. Lorsque j'ai appris sa mort, j'ai envoyé la somme de cent mille francs CFA. C'était ma façon de montrer à mes enfants que malgré tout le mal qu'il m'avait fait, je ne pouvais lui garder rancune. Il est parti. Plus jamais il ne viendra me faire ce qu'il m'a fait. Que Dieu lui pardonne ses fautes et que la terre lui soit légère.

J'ai pris la décision d'écrire ce livre il y a longtemps. À ce moment-là, le combat n'était pas encore fini. Donc le moment n'était pas encore arrivé d'écrire mon histoire. Il y a des gens qui me disaient : « Célestine, tu ne devrais pas étaler ta vie au grand jour, tu sais que tu risques d'être montrée du doigt ? » D'autres par contre m'ont dit : « Fais-le, si tu penses que c'est une forme de thérapie. » Mais on écrit lorsqu'on sait qu'on est enfin en paix. J'avais aussi peur d'écrire cette histoire. Peur de ma propre famille, peur d'autres femmes qui quelque part ne comprendront peut-être pas pourquoi j'ai étalé ma vie au grand jour... Je sais que c'est tabou dans la société africaine, et notamment dans mon pays d'origine, de parler des problèmes d'asile politique.

Jamais je n'avais pensé qu'un jour Mike porterait le blouson du diable. Il vit toujours en Belgique, c'est tout ce que je sais. Mais je n'ai aucune autre nouvelle le concernant. Je pense que c'est mieux pour moi. S'il arrivait qu'un jour ses enfants décident d'aller lui rendre visite, jamais je ne m'y opposerais, parce qu'il est leur père. Elles resteront ses filles jusqu'à ce que la mort les sépare.

Mon père à moi est sérieusement malade, cela fait plusieurs mois que je n'ai pas de ses nouvelles. De temps en temps, je lui envoie un peu d'argent lorsque j'en ai la possibilité. Même dans sa souffrance, il sait au fond de lui que je l'aime. Jamais je ne changerai le nom qu'il m'a donné. Son sang circulera toujours dans mes veines jusqu'à la fin de mes jours. C'est un amour inconditionnel qui ne peut être retiré. Je l'aime, mon père.

★
★ ★

On doit toujours faire bonne figure pour tromper les autres et se tromper soi-même, en faisant semblant que tout va bien. Mais il y a des choses que les gens doivent savoir. La femme africaine est l'une des femmes au monde qui souffre peut-être le plus. Tout d'abord, il y a le combat qu'on mène dans sa propre famille pour être reconnue comme une personne à part entière. Puis, une fois en Occident, une Africaine essaye de se trouver une place dans la société car elle est souvent confrontée aux problèmes de la couleur de sa peau. Et lorsque l'on doit faire face à des problèmes de papiers, alors tout devient encore beaucoup plus compliqué.

En Europe, c'est monnaie courante : certains hommes africains, demandeurs d'asile politique en France ou en Belgique, déclarent qu'ils sont mariés. Parce qu'ils savent que le statut de marié donne plus de poids au dossier. On est considéré comme quelqu'un de responsable. Pourtant, derrière tout ça, certaines femmes ne profitent pas du statut de leurs époux. Une fois que « monsieur » est en situation régulière, il se présente avec celle qu'il a rencontrée sur place, en faisant croire aux autorités que sa femme est arrivée. Et on fait établir à celle qui se trouvait peut-être en situation irrégulière à ce moment-là des documents au nom de sa véritable épouse. Malheureusement, il y a beaucoup de femmes qui se sont retrouvées dans de pareilles situations. Et qui ont été abandonnées de cette façon en Afrique ou même en Europe par leur conjoint. Et ces femmes ne peuvent que se taire.

J'ai écrit pour briser le silence qu'on nous impose. Au nom de toutes ces femmes africaines qui ont vécu une situation semblable. Car beaucoup de femmes noires d'origine africaine avec qui j'ai parlé en Belgique ont connu la même expérience. Et elles ont honte d'en parler et peur d'être jugées dans la société africaine, peur d'être expulsées vers leur pays d'origine, si les autorités découvrent la vérité.

Qui d'autre que moi pouvait mieux aborder ce passé horrible ? J'ai décidé d'en parler même si cela m'a rappelé les terreurs, les humiliations, les violences de tout genre que j'ai subies... J'ai décidé d'écrire ce livre pour ceux qui ont cru m'avoir détruite. Pour ceux qui ont cru qu'ils avaient un pouvoir absolu sur moi. Je l'ai écrit pour leur faire savoir que je me porte bien. Et que seul Dieu a un droit sur chacun de nous. Lui seul peut décider du passé, du présent et du futur de tout être humain sur terre. C'est aussi une occasion pour moi de rappeler à tous ceux qui ont contribué de près ou de loin à ma souffrance, que la vie est précieuse pour tout le monde.

Toutes ces épreuves que j'ai traversées m'ont rendue plus forte et plus sereine. Aujourd'hui, je vois le monde différemment, profitant au maximum chaque jour que Dieu me donne.

C'est pour moi une seconde naissance, et plus personne ne viendra ternir cette nouvelle personne que je suis devenue. Car je ne veux plus m'attarder sur ce passé horrible. Cette lumière qui jaillit dans mon être m'a permis de renaître et d'apprécier à nouveau la vie. Et à toutes ces femmes qui ont subi les viols et les violences conjugales et qui se disent, « À quoi ça sert de vivre sur terre », je réponds : « Elle est belle la vie, et elle mérite d'être vécue. »

TABLE

Cet ouvrage, qui porte le numéro onze
de la collection « Athéna »,
est publié aux Éditions du Gref
à Toronto (Ontario), Canada.
Réalisé d'après les maquettes
de Mélusine Klein et Alain Baudot
et composé en caractère Bembo,
il a été tiré sur papier certifié FSC
(Forest Stewardship Council)
et achevé d'imprimer
le mardi vingt-cinq mai deux mil dix
sur les presses de l'imprimerie
Gauvin à Gatineau (Québec),
pour le compte des Éditions du Gref.